Benvenuto nella Guida essenziale

Questo libro raccoglie i quattro volumi della Guida essenziale, sono manuali concepiti per comprendere più facilmente le complessità della formula dinamica l'Equazione Del Tutto, che rappresenta il livello successivo di questo percorso estremamente profondo. Senza trovare la Verità autentica sarebbe impossibile realizzare una Rivoluzione per la nuova Evoluzione, liberando finalmente la coscienza da una mente corrotta dalla presunzione di sapere, causa dell'egoismo e della malvagità umana.

Buona fortuna a chi sceglie di portare il peso della Verità e liberare l'esistenza dagli inganni e le menzogne che causano infinite sofferenze all'umanità

Sandro Napolitano

Guida essenziale per il viaggio della vita

Il Gioco della Vita

La libertà rende Veri

Volume 1

Il buio e la luce esistono insieme

In eterno contrasto tra male e bene

Quando arriva uno l'altro scappa via

Ma in verità sono la stessa energia

La luce forma la bellezza nell'istante

Ma resta immobile come un diamante

Il buio con la passione le dona la vita

Motore del tutto in questa finta partita

INIZIA IL TUO PERCORSO!

Che cosa faresti se sapessi che non sei libero? E se ti dicessi che puoi diventare un essere libero?

La strada verso la libertà, nella verità, è il percorso di cui parla questo manuale, e può essere intrapresa da tutti in qualsiasi momento! L'unico ostacolo? Sei tu stesso!

Soltanto tu puoi spiccare il tuo volo verso la libertà, non aspettare qualcosa o qualcuno che ti prenda per mano: adesso tocca a te!

Ogni attimo può essere quello giusto per cambiare la tua vita; la scelta ti è davanti: coglila!

Sei pronto a cominciare il viaggio che ti porterà a comprendere come essere veramente e assolutamente libero? Sfoglia le pagine di questo manuale, e realizza finalmente il tuo sogno!

Non è morendo che si diventa eterni:

l'eternità si crea vivendo

INTRODUZIONE

Ciao a te, che hai deciso di cominciare il tuo cammino verso la libertà. Non sarà un percorso breve e all'inizio non sarà nemmeno facile ma questo manuale è nato proprio per esserti di sostegno e darti supporto, fornendoti riflessioni e metodi di meditazione e anche una nuova prospettiva che ti cambierà la vita. Il tutto esposto nel linguaggio più semplice possibile.

Vedi, anch'io ho intrapreso lo stesso percorso, e sto ancora viaggiando. Fino al 2010 ho avuto una vita normalissima, non mi ponevo domande esistenziali e accettavo la realtà con rassegnazione, per manifesta inferiorità di fronte a eventi troppo più grandi di me; però ricordo bene che mi arrabbiavo spesso con un Dio sempre più assente nella mia vita, per il suo comportamento incomprensibile, finché ho cominciato ad accettare che quel Dio probabilmente nemmeno esisteva. Poi, a gennaio 2011, è iniziata la svolta: non sono mai stato soddisfatto di come le cose vanno nel mondo e, al tempo stesso, mi sono reso conto di condurre una vita anonima nella società di cui faccio parte. Così ho voluto cercare delle soluzioni attuabili ai miei problemi e a quelli che vedevo nel mondo.

Siccome fin da piccolo mi piaceva scrivere, ho pensato di mettere per iscritto alcune buone idee e di diffonderle attraverso un libro sul viaggio della vita. Le prime frasi che abbozzavo erano fin troppo banali e non portavano a niente: in fin dei conti, erano solo semplici sfoghi che capitano a tutti ma che non risolvono nulla.

Il mio desiderio profondo di indagare sulle eventuali alternative, per me e per il mondo, e di creare un'opera che riflettesse per molto tempo, se non in eterno, le mie idee di esistenza mi ha però *costretto* a fare sempre meglio. Era una sfida con me stesso, perché cambiare una parola poteva significare cambiare il significato e il destino di tutta l'opera. Ho scritto e riscritto ogni concetto, indagando in me stesso sempre più a fondo, con onestà intellettuale e, senza quasi rendermene conto, ho infine trovato la "bussola" del mio cuore.

Vivendo questa esperienza in prima persona, ho capito che chiunque può trovare da solo la verità autentica; io ho realizzato le mie risposte soltanto utilizzando uno dei miei talenti naturali, che è la scrittura. E il risultato si è concretizzato nella storia di Esperanza e Elian, la collana editoriale nata con "La via per il benessere" e nel Manuale che hai davanti, che è il primo di una serie di libri che completeranno questo percorso.

Dopo questa fase introduttiva, il corpo del manuale è diviso in tre parti: la prima, "I Principi dell'Esistenza e la Libertà", tratta del modo in cui diventare consapevoli di sé stessi e di ciò che ci sta intorno. Che cosa significa esistere? Su che cosa si basa questa nostra esistenza? Queste sono le prime domande che vorrai porti per iniziare a capire che cos'è la libertà e come diventare libero.

La seconda fase è intitolata "Il Gioco della Vita", dando il nome all'intero manuale. Il nostro continuo muoverci da una parte all'altra, le nostre emozioni, i nostri passatempi, il nostro lavoro, sono tutti parte di un *gioco*, che comincia quando nasciamo e si interrompe – ma finisce per davvero? – quando moriamo. Questo gioco, come tutti i giochi (lo sanno bene anche i bambini), ha delle regole che devi imparare, almeno se vuoi essere un buon giocatore.

Nella terza parte del manuale troverai spiegate, in modo chiaro e semplice, tutte le fasi del percorso verso la libertà, i concetti e gli obiettivi da raggiungere e alcuni utili esercizi di meditazione e riflessione.

Le ultime pagine del manuale sono dedicate alle conclusioni del ragionamento che esiste dietro questo percorso e ad alcune, pratiche, domande per svolgere una profonda autoanalisi, per capire cosa in te è cambiato da quando ti sei messo in cammino e cosa ancora cambierà, perché il tuo percorso verso la libertà non finisce certo con questo manuale!

Se ancora hai dei dubbi, oppure se vuoi essere certo di non averne, visita la piccola sezione delle FAQ: troverai le risposte che cerchi!

E, ora che sai quello che ti aspetta, non indugiare oltre!

Comincia il tuo cammino.

Può bastare un istante per comprendere

l'eternità

1 I PRINCIPI BASE DELL'ESISTENZA E LA LIBERTA'

1) Domande Esistenziali

Per poterti mettere in viaggio verso la libertà, hai bisogno del giusto equipaggiamento che, in questo caso, comprende il trovare una risposta ad alcune semplici domande che ci siamo posti tutti, una volta o l'altra.

Chi sono?

Sei il risultato di una lunga evoluzione di adattamento collettivo che, attraverso la creazione costante di tutto ciò che è, ti vede qui, adesso. Non esiste al mondo qualcosa che non sia composto di un insieme di piccolissimi atomi, a loro volta scomponibili in campo quantico in un'eterna danza tra piccole e grandi forme illusorie, generate dal fatto che la vita, per sua stessa natura, cerca sempre di migliorarsi. Questo processo di evoluzione è attuato attraverso l'attrazione di energie simili e affini, che si uniscono per aumentare il proprio campo d'influenza e prevalere sulle energie contrastanti. Di conseguenza anche tu sei un insieme di energie fisiche e psichiche la cui somma, attraverso un processo di coscienza unificata, crea l'illusione che tu sia un singolo individuo.

Dove sono?

Tu sei un essere pensante che percepisce una realtà fatta di materia fisica e di forme dense, liquide e gassose, distinguibili attraverso i tuoi sensi. La tua massa e la tua forma ti rendono un insieme di *micro-sostanze che interagisce* con altri insiemi similari in infinite forme e dimensioni. Consapevolmente, ti trovi in una determinata dimensione dello spazio-tempo, quella che avverti come unica realtà, ma in verità vivi contemporaneamente anche in altri livelli di coscienza, che ti risultano sconosciuti soltanto perché adesso non riesci a rilevarli.

Cosa faccio?

Il tuo compito non è solo quello di sopravvivere nella giungla della vita ma anche di selezionare chi vuole condividere con te l'insieme di energie che "gestisci" attraverso il tuo corpo. Allo stesso modo devi riconoscere le negatività che hai bisogno di evitare, almeno finché sono in grado di insinuarsi in te e nuocerti attraverso la tua fragile inconsapevolezza. Hai due scelte possibili. Puoi evolverti cercando di prevalere in un'eterna e finta lotta tra bene e male, poiché, nelle vibrazioni molto basse dell'inconsapevolezza, sarebbe impossibile creare energia senza il movimento causato dall'illusione di dover sempre fuggire o attaccare. Oppure puoi evolverti cercando di comprendere l'amore incondizionato che hai nel cuore, che ti ha portato a fermare per un attimo la tua corsa, leggere queste parole e trovare nel profondo il tuo essere Vero.

Le tue scelte ti porteranno inesorabilmente verso la direzione che avrai preferito, esattamente come le scelte che hai operato sinora ti hanno portato qui. Tieni sempre presente che il tuo corpo è formato da miliardi di cellule senzienti ma probabilmente inconsapevoli di essere te; in ogni cellula vive un micro universo che si è evoluto congiungendosi ad altri micro universi vicini. Inoltre, ricorda che il tuo corpo è guidato dal cervello ma è anche condizionato dai pensieri astratti della mente. I pensieri usano il cervello come antenna e come strumento per esprimersi; non arrivano dal tuo corpo ma nascono dalla tua Essenza che, per quanto ti riguarda, è la coscienza universale. Tu scegli i pensieri, li trasmetti al tuo corpo attraverso il cervello e solo dopo li trasformi in azioni ed esperienze tangibili:

potenzialmente, potresti fare tutto e niente!

Pensaci, attraverso il tuo Ego, tu sei il rappresentante e il responsabile dell'insieme di esseri che vivono in connessione fra loro: in un certo senso, sei come Dio nella sfera dove agiscono i tuoi corpi e creano, attimo dopo attimo, il proprio universo a tua immagine e somiglianza. In realtà, però, nessun uomo può essere Dio negli universi degli altri senza il loro consenso perciò, per compiere azioni che ora come ora sembrerebbero magie o miracoli, devi innanzitutto acquisire una completa consapevolezza di chi sei e che cosa sei per poi vivere nell'amore assoluto assieme a chi ha compiuto scelte simili alle tue. In fondo, se io fossi un Dio onnipotente, per prima cosa vorrei conoscere il mio corpo per amarlo e proteggerlo.

2) Cos'è l'Esistere?

Tu Esisti! O, forse, sarebbe più corretto domandarlo che affermarlo: tu esisti? La risposta a questa domanda non è così scontata come sembra, nonostante una famosa frase sentenzi: "Penso, dunque sono". Effettivamente sì, tu esisti già per il fatto di essere in grado di pensare, di leggere queste righe, di provare emozioni e sentimenti, ma sei sicuro di essere tu quello che pensa? Sei capace di distinguere le molte parti non tangibili di te stesso? Oltre al corpo fisico in cui respiri, hai la Mente, la Coscienza, l'Ego, l'Anima, lo Spirito, la Personalità, l'Essenza... da dove vengono i tuoi pensieri? Per quanto ne sai, potresti anche essere immortale, il risultato di innumerevoli reincarnazioni non soltanto come forma umana, ma anche minerale, vegetale e animale. Potresti aver assunto forme liquide e gassose, o aver provato esperienza a livello *micro*, assieme agli atomi, o a livello *macro*, insieme alle stelle. Potresti vivere, o aver vissuto in innumerevoli dimensioni e sottodimensioni, e il tutto in uno spazio-tempo infinito, che potrebbe però anche essere solo una proiezione di te stesso.

In teoria, nulla è impossibile e non si può escludere nessuna eventualità! Ne consegue che sono le tue percezioni – ma solo quelle che provi in questo esatto momento – a stabilire la realtà della tua esperienza esistenziale. Considera che ognuno ha una percezione differente riguardo ad ogni cosa, e il fatto che tutti interagiscano con le stesse cose e le stesse persone non stabilisce che ci sia un'unica realtà; infatti, se non esiste nulla di grande che non sia composto da un insieme di sistemi più piccoli, che a loro volta sono composti da insiemi ancora più piccoli, e così via fino ad arrivare a qualcosa di molto simile a onde di energia, significa che questo principio non vale solo per la materia, ma si applica anche all'aria, allo spazio, al tempo e perfino al nulla. Quindi anche la realtà è composta di innumerevoli frammenti di esistenza! Anche tu vivi contemporaneamente in molti livelli interconnessi, che sono l'insieme delle tue percezioni che interagiscono con l'insieme delle percezioni di tutti gli altri esseri. *Esistere significa sentirsi parte individuale di un insieme con cui scambiare energia. Essere consapevoli di esistere significa vivere qui e ora, con la gratitudine per tutto ciò che è, con l'entusiasmo di sentire l'immensità dell'amore e con la libertà di chi è senza confini.*

3) I Principi Base dell'Esistenza

L'Esistenza, la tua esistenza, deve avere basi solide perché tu possa imparare a spiccare il volo. Tu esisti in un tempo e in un luogo che appaiono creati da energie intangibili eppure non puoi basare le tue certezze su teorie, credenze, convinzioni o speranze; qui e adesso, solo il tuo corpo fisico può portarti sulla strada migliore. Non si tratta solo di un veicolo che ti permette di affrontare questa parte del tuo viaggio terreno: il tuo corpo è la guida per comprendere il segreto dell'Universo! Ti sei mai chiesto perché spiriti perfetti e immortali abbiano bisogno di incarnarsi qui? E come mai un essere mortale sia in grado di produrre energie immense, come emozioni e sentimenti? Di fatto, la mente, la coscienza e tutte le altre tue parti immateriali sono da te percepibili solo attraverso il tuo corpo fisico, perciò senza di esso non potresti sentire nemmeno di essere qui, adesso!

Considera che il tuo stesso corpo consta di una percentuale di materia incredibilmente minima rispetto all'energia di cui è composto e, di conseguenza, si potrebbe equiparare ad un ologramma di energia, percepito attraverso i classici cinque sensi. Ecco perché la tua esistenza può basarsi soltanto sulla coscienza del tuo corpo fisico: più questa conoscenza sarà profonda, più conoscerai l'Universo, perché tutto si basa sugli stessi principi. Puoi cominciare a "conoscere" le cellule del tuo corpo, focalizzando i tuoi pensieri su di loro; in questo modo, anche tu ti farai riconoscere da loro, poiché la consapevolezza di ogni forma di vita è limitata al proprio universo, in relazione alle dimensioni e circoscritta al livello di evoluzione del presente.

Gli atomi del tuo corpo non vivono un'esistenza automatica, come se fossero macchine, ma mutano in funzione delle modalità con cui interagiscono con te.

Tieni sempre presente che ogni coscienza qui vive nella dualità, esattamente come te. Considera quindi che percepisci due prospettive fondamentali in ogni interazione che hai con l'universo: bene/male, maschio/femmina, negativo/positivo e così via. Di conseguenza si generano due verità fondamentali, la tua e quella assoluta, e anche due tipi di regole fondamentali: Universali e Individuali.

Le Regole Universali valgono indistintamente per qualsiasi essere della creazione; funzionano esclusivamente quando tutti possono adattarsi ad esse, vivendo in assoluta libertà, perciò seguono solo l'altruismo. Le regole individuali invece possono valere solo per una cerchia ristretta di persone, perché sarebbe impossibile applicarle a tutti gli esseri viventi, perciò devono necessariamente seguire l'egoismo.

Le regole individuali, anche se non te ne renderai conto, sono quelle che userai più frequentemente nel tuo Gioco della vita. Ma se vorrai ottenere la potenza autentica dell'amore incondizionato, attraverso le azioni nell'armonia e nell'equilibrio che creano forza, dovrai seguire le Regole universali. Per seguirle non ti sarà necessario studiare un nuovo modo per far funzionare l'universo: ti basterà semplicemente cominciare a seguire i Principi Dell'Esistenza.

Come sempre, dovrai imparare e fare esperienza prima di tutto con te stesso, perciò anche i principi dell'esistenza funzioneranno davvero solo se li rivolgerai prima verso le "micro" coscienze del tuo corpo e della tua mente. Se lo farai davvero con il cuore, il resto avverrà da solo e senza fatica, te lo garantisco!

I principi dell'esistenza, che sono le basi delle regole universali e che ti servono per cominciare il cammino nel modo migliore, sono quattro: il rispetto, l'empatia, la comprensione e la compassione.

Rispetto

Il rispetto è il sentimento che ci trattiene dall'offendere o ferire gli altri, o le cose degli altri, e che generalmente nasce dalla stima e dalla considerazione che proviamo nei confronti di qualcuno.

Cosa accadrebbe se imparassimo a nutrire questo sentimento di stima nei confronti del nostro stesso corpo e degli altri, senza distinzione tra i nostri cari e gli sconosciuti che incrociamo sul nostro cammino?

Empatia

Ovvero, quel particolare e rarissimo fenomeno per cui si crea una sorta di legame affettivo ed emozionale con un'atra persona, un legame talmente forte e privo di barriere da renderci in grado di conoscere uno i sentimenti e le emozioni dell'altro. Comprenderemmo meglio le scelte degli altri e le conseguenze che le nostre decisioni hanno sulle altre persone, se riuscissimo a coltivare questa capacità.

Comprensione

Comprensione. Perché non basta saper ascoltare e rispettare sé stessi e gli altri, ma bisogna anche capirli. È il solo modo per imparare a conoscere.

Compassione

Non soltanto sapere che cosa prova l'altro, ma provare i suoi stessi sentimenti e le sue stesse emozioni, al suo fianco.

L'origine latina di questa parola significa "soffrire con"; la compassione è l'ascolto attivo verso i sentimenti di chi interagisce con noi, facendoli nostri.

La vita è prima di tutto un confronto con chi interagisce con te. È da qui che nascono gli eventi che generano la tua percezione del bene e del male.

Adesso, prendi in esame queste semplici considerazioni:

1. Non potrebbe esistere nessuna forma o percezione del male, se tutte le persone del mondo avessero rispetto, empatia, comprensione e compassione per il prossimo.

2. Una persona molto evoluta in nessun caso deve essere reattiva, ma sempre proattiva. Quindi, non ha importanza che in pochi seguano i quattro Principi dell'Esistenza, tu sai che ciò è bene e questo ti basta per seguirli.

3. La vita, in fondo, è un riflesso di te stesso: il bello e il brutto che vedi negli altri nasce dalla legge di causa e effetto, creata inconsapevolmente da nient'altri che te. Perciò, i quattro Principi torneranno a te con la certezza matematica che è tipica di tutto l'Universo.

Tutto ciò considerato:

- Rispetta il tuo prossimo, perché non lo conosci quanto credi: non puoi sapere cosa sta facendo e cosa gli serve a livello spirituale.

- Prova empatia verso il tuo prossimo, perché tu possa sentire i suoi sentimenti come se fossero i tuoi: non tentare di metterti nei suoi panni, piuttosto accettalo nel tuo mondo e abbraccia il suo disagio di essere imperfetto.
- Cerca di avere comprensione per il tuo prossimo, perché le sue percezioni seguono una scala di valori differente dalla tua: non giudicare le sue azioni, trova i lati positivi da cui ripartire insieme.
- La compassione è un sentimento puro, che può trasformare l'odio in amore assoluto: chi cade nel male non è sempre da evitare, ma può essere una straordinaria occasione per proseguire assieme una parte di cammino, illuminandolo con la tua Luce.

4) Cos'è la Libertà?

La Libertà ti renderà vero! Invece, non sempre la verità può rendere liberi, in primis perché ci sono tante domande di cui non siamo disposti ad accettare le risposte. Ipotizza che io ti dica che sei uno schiavo;

probabilmente ti troveresti in forte disaccordo con me, eppure io avrei detto la verità! Indipendentemente dal fatto che tu possa o non possa accettarla però, questa verità non ti renderà libero. Nel migliore dei casi, appurata la tua condizione di schiavo, cominceresti a lottare con tutte le tue forze per ottenere la libertà e, effettivamente, è proprio quello che tu stesso sceglierai di fare non appena diventerai consapevole di chi sei. Vedi, adesso è come se tu fossi al concerto del tuo cantante preferito. Ti stai divertendo tantissimo, assieme ai tuoi amici, e provi forti emozioni mentre canti a squarciagola le canzoni più belle. A un certo punto, arrivo io, un perfetto sconosciuto che ti mette in guardia, perché probabilmente siamo schiavi di entità sconosciute che ci hanno ammaestrato per nutrirsi della nostra energia. Tu, per educazione, mi assecondi, ma dentro di te hai già deciso di stare bene così; non hai nessuna intenzione di lottare contro un ipotetico nemico invisibile per il controllo della tua vita, ti accontenti di vivere la situazione attuale, anche se esiste la possibilità che tu stia godendo di una libertà fittizia o parziale.

D'altronde, non potrebbe essere altrimenti: una qualsiasi lotta richiede un cambio di mentalità, soprattutto in questo conflitto tra la tua volontà e la tua mente!

Sembra un paradosso, ma il problema è che la mente non è *tua*, nel senso che i tuoi pensieri non vengono da te ma da condizionamenti esterni e interni. Alla nascita, la tua Essenza è pura e infinita ma, con il passare del tempo, si ricopre di paure e inganni, derivati dall'interazione con persone inconsapevoli come te.

Tutto comincia dai sensi di colpa dovuti all'impossibilità di essere perfetti e al desiderio di apparire migliori di quanto si è; per evitare di soffrire, la tua mente costruisce e rafforza credenze limitanti, ma in grado di fare scudo agli attacchi degli altri. L'Ego entra così in una fase tanto statica quanto rassicurante, che convince indirettamente tutte le cellule del tuo corpo dell'impossibilità di migliorarsi secondo le proprie aspettative. Si tratta di un meccanismo di autodifesa potentissimo e devastante, se consideri che tutti i mali fisici e psicologici derivano dai tuoi condizionamenti interni. A livello esterno, invece, la tua mente è attratta dai pensieri che rispecchiano lo stato d'animo del momento che stai attraversando. Questi pensieri nascono dalla coscienza universale, da cui ogni essere li prende inconsapevolmente e li fa suoi, aggiungendoci qualcosa di suo, prima di riversarli altrettanto inconsapevolmente nella coscienza universale, da dove verranno "pescati" da qualcun altro... Sono sempre esistiti, i pensieri, e sono loro a generare l'energia che plasma la creazione.

Chi è più forte, in realtà è in grado di agire sfruttando i condizionamenti di chi incontra sul cammino, che invece gestisce inconsapevolmente la propria mente.

Se tu riuscissi ad eliminare tutti questi condizionamenti, saresti libero e saresti *Vero*. Cosa significa essere Vero?

Torniamo ancora per un attimo alla meravigliosa serata del concerto: hai cantato e ti sei divertito, ma dove era concentrato il piacere? Nel tuo cervello, quindi nella tua mente. E tutto il resto del corpo che faceva, intanto? Più che seguirla, il tuo corpo subiva la tua mente, perché si limitava a rispondere ai suoi segnali ma non era in piena sintonia con essa.

Se così fosse stato, il corpo avrebbe cantato e gioito assieme alla mente, vibrando in ogni suo atomo. C'è un'enorme differenza tra danzare in completa sintonia e non sapere nemmeno cosa succede; c'è di mezzo la tua felicità autentica, il tuo Entusiasmo.

Hai mai provato l'amore-vibrazione? È l'amore incondizionato, in cui ogni energia del corpo e della mente dona se stessa alle altre: più è consapevole, più energia dona, più dona e più riceve, vibrando sempre più velocemente, fino a diventare luce pura.

Io lo so, perché l'ho provato, e so che chiunque provi sentimenti potrà provare questa meravigliosa emozione, che è amore assoluto. In confronto, tutto il resto sembra solo una sua pallida imitazione.

Dicendo questo non voglio affermare che l'amore incondizionato genera più piacere dell'*amore della mente*, tipico dell'uomo, perché questa è solo una naturale conseguenza del fenomeno. Nel gioco della vita la competizione è pura illusione, non esiste nemmeno con te stesso! Quello che voglio dire è che se tu, quella sera al concerto, avessi cantato nell'amore incondizionato, ti saresti sentito in perfetta sintonia con tutto ciò che ti era intorno, senza nessun limite, in uno stato estatico in cui tutto è Luce.

Se fossi in grado di sentire l'amore-vibrazione, non solo proveresti emozioni immense e infinite, ma saresti tu stesso uno strumento generatore di emozioni per l'intero universo. Vibreresti talmente veloce da riuscire a vivere a livello quantico, dove tutto è ogni cosa, in ogni luogo e in ogni tempo. Questo significa essere *Vero*!

Non potrai mai essere *vero* preferendo la tua mente a tutto il resto, perché essa è solo uno degli ingredienti per comporre la tua alchimia di colori: sei tu l'artista che vive e dona le sue emozioni nella creazione che avviene attraverso il corpo che ama la mente, che si unisce ad essa per formare un unico organismo, che a sua volta si unisce ad altre energie, e così via nell'infinito quantico.

La tua schiavitù consiste nel vivere confinato nei limiti di spaziotempo che la mente stessa crea attraverso il tuo corpo: così *sopravvivi* in modo inconsapevole e spesso sofferente in uno sconfinato universo, dove niente è come appare, a cominciare proprio da te stesso.

Sei come un pesce chiuso in un acquario, dove però l'acquario è immerso nell'oceano! Puoi perderti facilmente in un mare di ipotesi su ogni cosa, il caos è dappertutto, sia in ciò che è teorico che in ciò che è pratico, anzi, perfino il caos potrebbe essere solo un'illusione. Per questo ti senti più al sicuro chiuso nel tuo acquario. Tutti questi dubbi sono causati dalla tua mente, che però non è un nemico da eliminare: è da essa che deriva il tuo Ego, colui che ritieni te stesso! Per sciogliere questa infinita matassa di supposizioni, quindi, devi liberare la tua mente da paure e inganni e da tutte quelle sovrastrutture che ti impediscono di pensare senza limitazioni. Soltanto il tuo corpo può fare ciò. Il tuo corpo, che soffre e si ammala perché è lo specchio di una mente ammaestrata dalla schiavitù.

Riassumendo, tutto quello che percepisci con i cinque sensi è una costruzione mentale e ciò che ritieni di essere, attraverso il tuo Ego, è l'insieme dei condizionamenti "appiccicati" alla tua Essenza. Quindi, sotto questo punto di vista, tu non esisti! Al termine di questa vita, spariranno sia il tuo corpo che la tua mente, e di te non rimarrà più nulla, perché nemmeno la tua Essenza è veramente tua.

L'Essenza è in ogni cosa, è la coscienza universale dove, infine, tu ti riverserai come una goccia si riversa nell'oceano. Ma questa goccia non sarà uguale a tutte le altre; ogni goccia è unica e conserva per l'eternità la memoria di ciò che compie.

La limpidezza e la purezza della tua goccia derivano dalle tue azioni, quindi è proprio qui che puoi conquistare la tua libertà, perché l'oceano non è tutto uguale, ma si rispecchia in te ed è composto da tante goccioline che si riuniscono in zone calde, fredde, pulite, inquinate. Sta alle tue scelte stabilire come e

dove vivere il tuo eterno adesso: la creazione rifletterà
i tuoi errori finché rimarrai intrappolato nelle zone con
più assenza di amore, e sarà tutta in te quando invece
potrai determinare lo scorrere degli eventi.
Quando sarai libero e vero, il tempo e lo spazio non
esisteranno più. Se lo vorrai, potrai essere un dio
immortale e onnipotente in mezzo ad altri dei
immortali e onnipotenti, in te e come te. Così, sognerai
ancora una volta di incarnarti, per poter abbracciare
con il cuore l'amore creato da te stesso.

Una goccia sporca non può inquinare un

mare puro

Una goccia pulita non può purificare un

mare inquinato

Tu non sei la goccia

Tu sei il mare

Ho guardato il mio mondo, ho rivisto i miei

finti nemici e mi sono detto: se questo è lo

specchio dei miei problemi, ho ancora tanta

strada da fare!

Ma poi ho oltrepassato quello specchio, ho

visto com'è Vero il mondo assieme a te: dietro

a mille problemi c'è un'infinità di amore,

immenso, unico e inestimabile tesoro della

nostra esistenza.

Io lo raccoglierò e lo riporterò a te, perché

Tu sei Amore.

1. IL GIOCO DELLA VITA

1) Considerazioni

Questo complicato sistema di esistenze che noi chiamiamo Vita è un concetto troppo vasto e strutturato perché noi possiamo comprenderlo appieno. Non sappiamo – né forse sapremo mai per certo – ad esempio, qual è la sua utilità, né che ruolo effettivamente stiamo giocando a livello universale; quello che sappiamo è che, grazie al libero arbitrio di cui siamo dotati, possiamo scegliere che cosa fare in ogni secondo della nostra vita, indipendentemente da tutto quello che ci capita.

Ma come orientare le nostre scelte in modo che non siano casuali, oppure dettate dal momento, e che seguano invece un filo logico ben preciso, che noi abbiamo coscientemente eletto come quello che maggiormente rispecchia la nostra Natura? Poiché, all'inizio della sua vita, ogni essere apprende le nozioni basilari giocando, faremo così anche noi.

Immagina di essere inserito in questo grande gioco, un po' simile a Risiko e un po' al Gioco dell'Oca, che chiameremo Gioco della Vita, le cui regole e possibilità si rifanno alle regole e possibilità della tua esistenza. Parteciparvi è abbastanza semplice, vedi, basta nascere! Il terreno di gioco è tutto quello che ti riguarda, sia in senso fisico che a livello inconscio e di pensiero.

La particolarità di questo gioco è che, in realtà, non esiste un unico Gioco della Vita, perché ogni essere è al centro del proprio tavoliere, ma nel contempo è anche una pedina nei Giochi di tutte le altre persone con cui interagisce! Si tratta di un concetto un po' difficile da comprendere in modo astratto, ma vedrai che giocando tutto sarà molto più facile.

Prima di passare al prossimo capitolo, che non è altro che il libretto di istruzioni, idealmente presente in ogni "scatola" del Gioco della Vita, tieni ben presente che il gioco stesso si basa su due tipologie di regole ben precise. Le Regole del Gioco, che ti saranno spiegate nelle pagine seguenti e che in un certo senso sono soggettive, e le Regole Universali, che invece si rifanno ai Principi dell'Esistenza di cui abbiamo già parlato nella prima parte del manuale.

Allora, sei pronto a metterti in gioco?

Pronti... Via!

2) Il Gioco della Vita – Istruzioni

Benvenuto nel Gioco della Vita, il più grande gioco del mondo e il più giocato, anche inconsapevolmente.

Per giocare meglio le tue "carte", ti basta già sapere che sei nel gioco: saranno le tue scelte, giorno dopo giorno più consapevoli, a renderti un giocatore eccezionale, talmente bravo da far diventare sempre più bello il gioco stesso!

Qui troverai tutto il materiale di cui hai bisogno per cominciare e portare avanti la tua partita, dalle istruzioni base alle strategie più avanzate.

Lo Spirito del Gioco

Trascorrere questa tua vita seguendo la tua natura reale, libera da condizionamenti e paure che non ti permettono di essere te stesso. Quindi, non si vince né si perde nel Gioco della Vita! Questo non è il classico gioco in cui il migliore, o il più fortunato, viene premiato; al posto del traguardo ci sono innumerevoli punti di arrivo e di immediata ripartenza, nell'eterno continuo dell'Esistenza.

Non è necessario raggiungere determinati parametri, perché lo scopo reale del Gioco è esso stesso uno dei misteri da scoprire, e ti sarà possibile farlo solo per mezzo delle esperienze che vivrai giocando.

I Partecipanti

Il Gioco della Vita comprende la partecipazione di innumerevoli esseri, che prendono vita e coscienza in altrettante innumerevoli forme di energia. Non tutti i partecipanti sono egualmente dotati: ci sono delle forti discrepanze a livello di conoscenze, del ruolo sociale oppure dei talenti di ognuno, che possono dipendere o meno dal Gioco stesso.

Tutti i giocatori sono dotati del libero arbitrio, quindi non è possibile che, uno o un gruppo di partecipanti, possa imporre la propria volontà sugli altri, almeno senza la loro implicita approvazione, che può però essere ottenuta facendo leva sulle paure e le insicurezze altrui, usando l'inganno oppure attraverso la violenza fisica o psicologica.

Inoltre i partecipanti sono tendenzialmente pigri e accondiscendenti, perciò durante lo svolgimento del Gioco possono distrarsi un po' troppo facilmente e cadere nelle trappole lungo il percorso, perdendo fiducia nei propri mezzi e sentendosi di conseguenza fragili e scontenti. Ciò li porta a non essere centrati nell'armonia, finendo per indossare maschere create dai loro condizionamenti nel tentativo di apparire più belli e più forti agli occhi degli altri giocatori, ma anche a sé stessi.

L'inizio del Gioco

All'inizio del Gioco, ciascun partecipante ignora chi è e da dove viene e non ha la minima idea dello scopo della sua presenza sul tavoliere da gioco. L'unica certezza di cui gode è che è necessario sopravvivere in un mondo bellissimo, ma anche incredibilmente difficile, dove ogni evento, ogni decisione - anche se casuale o inconsapevole - può risultare decisivo per la buona o la cattiva sorte all'interno del Gioco. Tutto ciò premesso, ogni giocatore deve tentare di vivere con un atteggiamento costruttivo, rispettando gli equilibri tra se stesso e gli altri, ma anche tra se stesso e l'ambiente in cui vive, che deve essere curato perché possa garantire la sua sopravvivenza. Gradualmente, il partecipante si accorgerà di essere influenzato dalle capacità fisiche e mentali di cui è stato dotato in partenza, dal luogo dov'è nato, dalle usanze e dalle tradizioni del suo paese e della famiglia d'origine, dalle persone che incontra e da ciò che gli accade.

Le Regole del Gioco

Le Regole del Gioco della Vita sono soggettive e dunque possono essere diverse per ognuno di noi, perché alla base di esse c'è sempre una scelta. *In ogni momento della sua vita, il partecipante può scegliere se creare armonia o discordia tra il resto dell'Universo e se stesso.* In alcune occasioni può sembrare che questa scelta non esista, o che non sia disponibile al momento, ma si tratta solo di una potente illusione volta a impedire ai giocatori di procedere con il Gioco. La scelta, come il libero arbitrio che la rende possibile, *esiste sempre*, anche se a volte il giocatore non riesce a vederla, perché è accecato dai troppi condizionamenti che gli impediscono di essere *vero* e contro i quali deve lottare da solo per liberarsi, perché nessuno può agire al posto suo.

Una volta fatta la sua scelta, il giocatore può avvalersi di:

STRUMENTI PER CREARE ARMONIA

- Azioni che creano forza:
  o Essere consapevoli di sé stessi
  o Essere incorruttibili
  o Avere fede
  o Donare amore
  o Comprendere la sofferenza
  o Perdonare
  o Confidare nella forza della preghiera
  o Non giudicare
  o Non nutrire aspettative
  o Vivere insieme agli altri, sacrificandosi per il prossimo
  o Non cedere alle tentazioni
  o Seguire le leggi del cuore
- Verifica costante di quali parole chiave sta seguendo per creare armonia. Ad esempio, *umiltà, perdono, altruismo...*

AZIONI PER CREARE DISCORDIA

- Azioni che creano debolezza:
  o Non essere consapevoli di sé stessi
  o Non essere focalizzati su sé stessi
  o Non avere fede
  o Pretendere amore
  o Essere indifferenti alla sofferenza
  o Nutrire astio
  o Giudicare e avere pregiudizi
  o Nutrire aspettative verso sé stessi e gli altri
  o Cedere alle tentazioni
  o Aspettare passivamente
- Verifica delle parole chiave che segui per comprendere le scelte che portano verso la discordia con l'Universo. Per esempio, *egoismo, vizi, tentazioni, paura...*

A seconda della scelta che intraprende, il giocatore può compiere le più disparate azioni e assumere diversi comportamenti. Può decidere di agire seguendo la discordia, tentando di prevalere sugli altri in qualsiasi modo, anche utilizzando forme di violenza fisica e strumenti di manipolazione mentale, *come la*

programmazione neurolinguistica utilizzata con scopi
egoistici o il pensiero positivo fine a se stesso: strumenti
che spesso celano vere e proprie trappole sia per gli altri
che per il giocatore. Oppure può decidere di agire verso
l'armonia, donando amore e luce per essere un
esempio positivo, dando il proprio rilevante contributo
al processo evolutivo dell'Esistenza di tutti.

Strategie del Gioco

Qui di seguito, alcuni suggerimenti al giocatore, per
giocare la meglio la sua partita rimanendo sul
cammino prescelto.

- **Osserva il comportamento delle persone** e valuta se
  nei fatti è coerente con quello che dicono.
- **Cerca sempre di comprendere la natura profonda
  dei problemi**, tenendo presente che per ogni persona
  è più facile trovare difetti negli altri che in sé stessi,
  poiché la fonte dei mali sembra sempre esterna, ma in
  realtà è interna.
- **Riconosci gli amici sinceri** da chi invece tenta
  volontariamente o inconsapevolmente di ingannarti o

rubarti l'energia. Devi sempre ricordare che amici e nemici sono specchi che riflettono la tua Essenza.

- **Mantieni alte le vibrazioni dei tuoi corpi**, sostituendo le tentazioni terrene con le soddisfazioni spirituali, che aumentano le energie positive. Non cercare di reprimere le tue tentazioni, ma sostituiscile con l'amore incondizionato.

- **La sincerità verso te stesso è una conquista lontanissima!** Fai molta attenzione a non cadere nella trappola di credere di essere migliore degli altri: pretendi sempre di più da te stesso e il cuore ti ringrazierà.

- **Dai l'esempio,** cominciando a percorrere una strada di sacrifici e sofferenze per comprendere chi sei e dove sei diretto: non sei qui per aspettare che altri lo facciano prima di te!

- **Scegli di essere te stesso nel rispetto delle Regole Universali,** oltre la percezione della dicotomia tra bene e male, che non esiste, perché essi fanno parte della stessa energia! Sei tu a scegliere quale esperienza intraprendere attimo per attimo.

- **Fai attenzione a quello che provi verso ciò che incontri sul tuo cammino.** A livello quantico, la materia è generata e animata da emozioni; sentimenti negativi possono danneggiare e far deperire la materia coinvolta.

- **Migliorati, ma goditi anche il Gioco!** Non ha senso puntare solo all'evoluzione, senza apprezzare il cammino che si percorre: se esiste c'è un motivo! Allo stesso tempo, il cammino non può non avere un altro scopo oltre che quello di essere lì per poterlo vivere nell'entusiasmo della libertà.

Ecco, ora hai tutto quello che ti serve per cominciare il Gioco.

Buona Vita!

3) Riflessioni

Il Gioco della Vita non è altro che una metafora per comprendere questa strana casualità che ci vede qui, in questo mondo, in questa forma: in pratica, la Vita stessa! E cos'è, questa Vita? Io credo che la Vita sia, metaforicamente, il *vaccino di Dio*, perché dà a ognuno di noi la possibilità di sperimentare il bene e il male in dosi piccole e assimilabili, che possano permettere lo sviluppo delle esperienze umane e l'evoluzione dell'individuo e della razza.

Noi siamo come cellule, impegnate in prima fila a guarire un corpo, quello della coscienza collettiva, da una malattia.

La Vita è anche una sinfonia meravigliosa ma per viverla non ti basta conoscerla a memoria e riprodurla seguendo le aspettative del tuo Ego; oltre a suonare le note giuste, puoi e devi creare la tua armonia di suono al ritmo del tuo respiro, attraverso la passione del cuore.

Ognuno di noi, ricordalo, è un essere speciale ed è qui per creare la sua personalissima musica, da riversare poi nell'Universo. Copiare la musica di un altro significherebbe solo attingere dall'Universo, senza donare nulla: tra voler avere e voler creare c'è la tua scelta, capace di decidere il tuo destino.

Il grande disegno della vita è tracciato sul foglio della coscienza collettiva, formato da innumerevoli e piccolissime coscienze, che vibrano sempre più velocemente, evolvendosi man mano che acquistano consapevolezza della loro esistenza. Tutto l'Universo si autogoverna in base a gerarchie di volta in volta più complesse e profonde, determinate da leggi universali e generate dal pensiero che plasma le forme nelle dimensioni oltre il tempo-spazio. Ma, contemporaneamente, ogni particella rimane soggettiva e può essere contemplata da tutto il Creato in molteplici aspetti, a seconda del grado di evoluzione di ciascun osservatore, quindi della sua prospettiva personale e del ruolo che raggiunge nel grande disegno della vita.

Se e quando riuscirai a comprendere lo scopo della Vita e dell'esistenza, sarai davvero consapevole di ciò che sei e di quello che fai in questo scampolo di esistenza. Tutto avverrà in una pace autentica, colma di una luce meravigliosa, anche quello che ora ti appare come una serie infinita di casualità o ingiustizie. L'alternativa è di non apprezzare e non coltivare l'immensa e unica felicità terrena, di soffrire senza capirne il motivo. Ma che gioco sarebbe, senza imparare divertendosi?

1. *Pensa a ogni azione che hai compiuto e dove, direttamente o indirettamente, hai ricevuto affetto, denaro, attenzione, eccetera.*

2. *Pensa a ogni azione che hai compiuto senza ottenere nulla in cambio.*

3. *Guarda la differenza tra le tue azioni avere/egoismo e le tue azioni dare/altruismo.*

4. *Moltiplica il risultato per sette miliardi di persone e per la durata della vita: questo è il tuo mondo.*

2. FASI E METODI DEL PERCORSO

1) Le Fasi del Percorso

Il tuo cammino di introspezione verso la Luce non può che cominciare dalla tua scelta di intraprenderlo; come sempre, sei tu – e nessun altro – a determinare il tuo destino. Se la vita che stai conducendo ti appare vuota e senza senso, o se percepisci che c'è qualcos'altro intorno a te, cui non riesci a dare un nome, allora pensa prima di tutto a ciò che è giusto fare o, in altre parole, a qual è la strada migliore da intraprendere, in ogni attimo della tua vita, ad ogni bivio davanti a cui ti porteranno i tuoi passi.

Resta focalizzato su te stesso e su ciò che desideri ottenere e sistema di volta in volta gli aspetti di te che non si accordano con le nuove dimensioni a cui approderai.

Per cominciare questo percorso, è fondamentale avere un intento puro, non finalizzato al benessere personale o di chi ti è caro, ma perfettamente e disinteressatamente in linea con le Regole Universali, perché si adegui a ogni forma di vita del Creato. È necessario, quindi, cambiare completamente prospettiva, imparando a guardare il mondo e l'Universo intero da spettatore esterno e non da partecipante, perché solo così è possibile evitare pregiudizi e condizionamenti dell'Ego. Si tratta di una meta difficile da raggiungere, ma anche quando riuscirai a guardare al Creato come a qualcosa di esterno a te stesso, sarai solo all'inizio del tuo cammino. Non è il caso di preoccuparsi però: le altre fasi del percorso si riveleranno davanti ai tuoi occhi, se continuerai a seguire questi semplici consigli.

Trova il tuo obiettivo attraverso il tuo corpo

Attraverso la conoscenza pura comprenderai il senso della tua vita. Puoi ottenere questa conoscenza a livello intuitivo con il tuo corpo fisico, che altro non è se non la parte più manifesta dei tuoi *corpi sottili* (mentale, spirituale, emozionale). Questa conoscenza è la stessa che, in un tempo al di là del Tempo, ha creato le leggi universali; non puoi sbagliare, finché interpreti in modo corretto i suoi segnali, stai seguendo il tuo obiettivo.

Non perderti in paure e inganni

Cerca sempre e solo l'amore incondizionato, segui uno stile di vita improntato sull'umiltà e sull'altruismo, nella ricerca costante della libertà autentica.
Non sei qui solo per avere o per donare: oltre l'illusione, fluisce l'infinita energia pura e neutra che genera la Creazione attraverso te. Tutto quello che devi fare è metterti nella posizione di osservatore esterno

di te stesso e accettare – non giudicare – il tuo Essere nella sua Essenza.

Cerca sempre la tua stella interiore

Sei abituato a esistere in una mentalità statica e blindata dai tuoi condizionamenti, che limita il tuo infinito potenziale. Concentrati sulla tua luce interiore, il tuo sentire profondo: è una vera e propria stella che può guidare te, intrepido navigante, verso la consapevolezza, per mezzo dei tuoi talenti. Hai doni innati di cui non ti accorgi e che sarebbe un peccato non scoprire e sfruttare. Questo lavoro di introspezione, attraverso la scoperta delle tue qualità, ti fornirà la costanza di cui hai bisogno per non perderti in mezzo al caos.

Non pensare solo a te e ai tuoi cari, ma a tutti gli esseri viventi come se fossero un corpo solo

È naturale amare i tuoi genitori, i tuoi figli, il tuo partner e i tuoi amici, ma questa è solo una base di partenza! Se ti fermassi all'amore verso la tua cerchia affettiva, alimenteresti soprattutto le energie negative. La mente ti induce a pensare che provi sentimenti molto profondi verso i tuoi cari e ovviamente è vero però, in fondo, questa è una richiesta di amore e attenzione verso la tua mente, non un dono d'amore incondizionato verso l'universo. Perciò questa forma d'amore ingannevole segue le regole individuali dell'egoismo e infatti ti rende fragile per la paura di perdere chi ami. La mente, che vuole proteggerti, ingigantisce troppo il tuo amore verso pochi, tagliando automaticamente il tuo amore verso tanti. Attraverso il cervello troverai infinite scuse per giustificare che non puoi fare meglio ma di fatto accade questo, e i pensieri da trasformare in azioni sono scelti da te. È da lì che poi si generano i giochi di potere dell'opportunismo, che sfruttano chi appartiene a posizioni sociali diverse o inferiori, lasciando dietro una scia di indifferenza verso chi soffre.

Ama tutti incondizionatamente invece, e diventa un paladino della Luce, che lavora per costruire una società che funziona in modo ideale per tutti, senza distinzioni.

Fai ogni cosa nel migliore dei modi

Per compiere le tue esperienze, non affidarti
a un filo temporale o logico elaborato dalla
mente: non esiste un passaggio più urgente
o più importante in assoluto! Quindi, non
pensare troppo, perché ti distrarresti,
perdendo del tempo preziosissimo!
Segui sempre e solo la bussola del cuore attraverso le
tue intuizioni.

È più importante la qualità della quantità

La tua evoluzione verso la Luce ha i suoi

tempi, perciò segui il tuo passo. Non forzare gli eventi, ma non adagiarti nemmeno, o incorrerai nel peccato dell'accidia.

Segui spontaneamente le sensazioni del tuo corpo e mantieniti concentrato sull'armonia e l'equilibrio del Creato.

Non dimenticare che *è nei momenti peggiori che crei amore; nei momenti migliori puoi godertelo.*

Abbi fede solo nella tua Essenza

L'Ego può innalzarsi fino ai più alti livelli spirituali, imprigionandoti nell'inganno di una divinità fittizia; non illuderti di aver raggiunto l'apice nei momenti esaltanti e, allo stesso modo, non abbatterti troppo nei periodi bui.

Ricorda che sei giunto fin qui grazie al lavoro degli Angeli: energie visibili e invisibili che ti hanno sempre protetto e aiutato. Non dimenticare che non sarai mai solo: sei tu l'*altro*, il sogno d'amore nato da una solitudine impossibile.

2) I Metodi del Percorso

Per guardare dentro te stesso, devi avvalerti di metodi
ben precisi, che di sicuro avrai già sentito nominare:
preghiera, meditazione e contemplazione. Essi non
hanno soltanto un'importanza fondamentale nel
centrare corpo e mente in equilibrio e armonia,
necessari per ascoltare l'amore incondizionato che è
contenuto in te stesso e vivere felice; più che
strumenti, sono proprio parte della tua Essenza, anche

se una mente ammaestrata e manipolata dal sistema li trascura o li utilizza in modo improprio.

Preghiera, meditazione e contemplazione non sono la stessa cosa, ma sicuramente sono concetti legati a doppio filo tra loro. Perciò puoi tranquillamente "eseguirli" tutti insieme nello stesso tempo, magari prediligendo una volta uno e una volta l'altro, secondo il tuo sentire.

La meditazione riguarda tutti quei metodi tramite i quali è possibile attuare una profonda riflessione della mente; una meditazione molto profonda può portarti a raggiungere uno stato di contemplazione, in cui la Verità ti appare chiara e indubitabile.

Con la preghiera invece, esprimiamo la nostra gratitudine verso la Verità che ci è stata rivelata e la glorifichiamo nei nostri cuori. Come vedi, è molto difficile tracciare una linea netta tra il significato di meditazione, contemplazione e preghiera, ma solo una mente condizionata ha davvero bisogno di definizioni precise!

Tutto, preghiera, meditazione e contemplazione, comincia dal tuo respiro e dall'ascolto del battito del tuo cuore; l'importante è che nulla di ciò che fai sia forzato, ma rimanga spontaneo e naturale. Poi, sarà necessario decidere su che cosa rivolgere l'attenzione. *Rivolgere l'attenzione su qualcosa significa ascoltare il suo mondo dentro il tuo cuore.* Quindi, dovresti focalizzarti sul Tutto, sulla completezza dell'Universo, ma questo non è possibile per una mente schiavizzata dal sistema, che è in grado di fare un calcolo alla volta. Prima, devi liberarti dai vecchi schemi limitanti il tuo essere, che non ti permettono di vivere nel campo quantico, dove si possono svolgere infinite operazioni contemporaneamente. Sappi che soltanto il corpo – che non è solo il veicolo dello spirito, ma una parte integrante di te, autentica quanto la realtà che percepisci – può aiutare la mente a svuotarsi da preconcetti e pregiudizi; allineandosi, queste due parti di te libereranno man mano la tua Essenza da tutti i pensieri che ti impediscono di rivolgere la tua attenzione verso il tuo essere.

CONOSCERE SE STESSI

Tutto ciò che fai, o che non fai, dipende unicamente da una tua scelta: anche cercare la consapevolezza dipende da te. Come ho già ripetuto molte volte, il viaggio verso la consapevolezza non può che iniziare da te stesso, quindi comprenderai bene l'importanza fondamentale del conoscerti, dell'essere consapevole di te stesso.

Tieni presente che, anche nel tuo stato di sommaria inconsapevolezza, c'è una minima parte di te che è consapevole, perché non subisce paure né inganni; per aumentare il tuo grado di consapevolezza, non devi dunque fare altro che trovare una modalità per interagire con quella piccolissima e nascosta parte di te che non è condizionata dalla vita terrena. Si tratta di un lavoro lungo e difficile, perciò non aspettarti risultati immediati e non avere fretta: ti prometto che ne vale la pena!

In questo procedimento, fai attenzione a non sottovalutare la sacralità di ciò che fai. *Trovarti con la tua Essenza significa riconoscere Dio in te,* un Dio che non ti abbandona per un solo istante, nemmeno quando pensi che non esista.

Sarai forse abituato a pensare che Dio si possa trovare solo per mezzo delle religioni e dei loro ministri, e forse sei anche convinto che soltanto poche persone abbiano la facoltà di celebrare riti e benedizioni, ma io non credo che sia così. Quando diventerai consapevole, nessuno potrà condurre un rito sacro o una benedizione meglio di te, perché tale rito o benedizione assumerà la valenza di un atto diretto tra te e Dio, senza necessità di alcun intermediario. Tale sarà la potenza di queste azioni, che esse non funzioneranno solo per te stesso, ma interesseranno l'Universo intero. Quanto hai appena letto non significa naturalmente che i sistemi religiosi debbano essere soppressi. Scegli la credenza o la religione che senti nel tuo cuore, senza giudicare chi compie scelte diverse dalla tua ma ricorda che spesso le religioni vengono utilizzate come "sistemi di controllo" invece che per quello che sono, ovvero strutture per riunire gli uomini e abbracciare l'amore incondizionato nelle sue infinite forme.

Con il tuo comportamento aperto e sincero, potrai essere il faro di chi vuole il bene, per scoprire quanto la comunità in cui vivi sia essenziale all'amore.

Conoscerai così l'immensa energia che si crea quando si diventa consapevoli che la bellezza del proprio cuore è comprendere che nessun uomo può bastare da solo.

Ricorda, Dio è in te attraverso il Tutto e, una volta che l'avrai riconosciuto nel tuo cuore, ritroverai la sua infinita bellezza in ogni essere vivente e in ogni luogo che incontrerai sul tuo eterno cammino. Per vivere questo viaggio straordinario, devi compiere un autentico atto di fede attraverso tutti i tuoi corpi.

RESPIRARE

Mentre respiri, scambi energie che esistono sin dall'inizio dei tempi del mondo, con quelle del tuo corpo.

Gea (il vero nome della Terra) vive da almeno quattro miliardi e mezzo di anni: immagina quanti esseri hanno respirato la tua stessa aria! Attraverso lo scambio di energie che avviene con la respirazione, il tuo corpo comunica con le energie di ogni tempo e ogni luogo, in una spirale infinita di dare e avere.

Mettiti in un luogo dove ti senti comodo e tranquillo, e concentra tutta la tua attenzione sul tuo respiro.

Mentre inspiri, immagina di immagazzinare tutto il male dell'Universo nei tuoi polmoni, dove puoi abbracciarlo e perdonarlo, prima che questo passi attraverso il tuo potentissimo cuore, dove verrà purificato e trasformato come per magia in bene.

Adesso, mentre espiri, immagina di liberare tutte queste energie positive nell'Universo, e preparati a ripetere da capo tutto con estrema naturalezza.

Non avere nessuna fretta, ma respira piano, in modo sereno e delicato. Immagina di accarezzare Madre Terra; Gea sarà la prima a comprendere e apprezzare il tuo amor per lei e per il Tutto.

Ogni respiro è l'occasione per ringraziare e amare incondizionatamente l'Universo e, anche se l'amore incondizionato non nutre, per sua stessa definizione, aspettativa alcuna, la gratitudine che provi verso Gea e il Creato ritornerà a te nella sua interezza, in modo travolgente, puro e sincero.

Piano piano, comincerai a respirare con una calma che ti apparirà quasi irreale, facendolo sempre più con serenità. Ti verrà tutto talmente naturale che non dovrai nemmeno cercare un posto tranquillo per poter concentrare la mente, perché il tuo corpo conosce già come fare, ma questo accadrà solo quando tu riuscirai a fidarti completamente. Da quel momento i tuoi respiri si faranno più corti, ti sentirai in pace con tutto l'universo. Finalmente troverai dei momenti brevissimi di pausa tra un'inspirazione e un'espirazione, dove tutto l'universo si fermerà insieme al tuo respiro:

proprio lì vive l'entusiasmo della verità assoluta.
Ascoltala.

PURIFICARSI E PREGARE

Se Dio è in te, allora ogni atto che compi può diventare
un atto sacro, un'interazione con l'Universo intero,
quindi puoi avere un dialogo praticamente ininterrotto
con il Divino.

Sicuramente è di fondamentale importanza aggregarsi
nei luoghi di culto insieme alle altre persone della tua
comunità, per celebrare i riti della religione o della
credenza che hai scelto. Non dimenticare che è
altrettanto importante vivere questa gioia attivamente,
perciò devi e puoi coltivarla anche fuori dai momenti e
dai luoghi di ritrovo, esattamente come non smetti mai
di respirare e il tuo cuore non smette mai di pulsare.
Per ritagliarti i tuoi personalissimi momenti con Dio
accertati, prima, di essere completamente libero dalle
energie negative che potrebbero infiltrarsi dentro il

tuo corpo terreno mentre tu sei "andato" in altre dimensioni di coscienza, a contemplare il tuo essere *vero* nel tuo corpo astrale. Se sarai pulito nell'amore assoluto, le energie di pura luce ti proteggeranno invece da ogni influenza.

Per purificare i tuoi corpi ti basta volerlo; non è per nulla necessario autopunirti o compiere sacrifici simbolici, segui semplicemente i principi basati sull'altruismo in modo sincero – senza avere aspettative di nessun genere – e non affidarti mai ad un intermediario tra te e... te stesso! Solo tu puoi purificarti e, anche se ti è concesso di cogliere spunti da fonti fidate (come questo manuale, ad esempio), ricorda sempre di elaborare il tutto attraverso il tuo personalissimo Io.

Una volta ultimata la tua purificazione, che, essendo soggettiva, potrebbe durare alcuni attimi oppure diversi minuti, potrai serenamente lodare, ringraziare e ascoltare Dio e ogni essere puro che incontrerai, senza che nessuna energia negativa si frapponga tra te e loro. Ad esempio, potresti compiere un'opera di benedizione dell'acqua che usi per lavarti e celebrare un rito di purificazione dei tuoi atomi o dei tuoi corpi. Le parole che pronunci, come per incanto diventano formule e nuovi rituali per il solo fatto di celebrarli nel tuo nuovo stato consapevole di ministro di te stesso. Le tue preghiere possono anche interessare gli altri, come ad esempio un amico che sta vivendo un periodo difficile. Trova da te le tue formule e le tue preghiere, seguendo il tuo istinto e ciò che senti al momento. Ricorda che la forza infinita di cui sarà investito il tuo rito non è nelle parole, ma nella tua consapevolezza. Mettici tutto il cuore e tutta la passione che hai, le parole verranno da sole e deciderai tu se recitare le tue formule, ripeterle tre volte, cantarle, oppure parlare semplicemente come se avessi di fronte il tuo migliore amico.

Non dimenticare mai che *essere consapevole non significa sentirsi Divino e Onnipotente*, ma comprendere che Lui si manifesta attraverso di te: resta quindi sempre umile e grato per la gioia e l'onore di ritrovare

Dio in te e nel prossimo, ogni volta che riesci a riconoscerlo.

Ti lascio con due preghiere di esempio, che mi sono state suggerite dal cuore, e che forse potranno aiutarti.

MI DONO A TE

Io mi dono a te che sei amore
e risplendi nell'armonia del tutto.
Dalla creazione che avviene adesso
ti lodo nell'istante che scorre in me.
Ascolto il mio cuore rivolto a te
trovando giustizia nel perdono
e libero da paure e inganni
ritorno a te nell'entusiasmo
con la pace tra ogni forma di vita
e ti ringrazio con gioia infinita.

TI SONO GRATO

Grazie per la libertà che mi doni
nella verità della tua gloria
vivo senza temere alcun male
ascoltandoti in una preghiera
il tuo amore splende in me
mentre benedici la mia vita
contemplo la tua volontà
e ti amo per tutta l'eternità.

Non sempre puoi proteggere i deboli e gli

indifesi

ma tu sei un faro e loro hanno bisogno solo

di luce

per guardare chi sono e non avere più paura

CONCLUSIONI

Eccoti dunque a questo punto del tuo cammino verso la Luce, quando è ora ti tirare le somme di quanto hai imparato fino ad ora e di quanto sei cambiato, per la prima volta. Non è stato un cammino semplice, lo so, ma spero che i risultati che hai raggiunto finora compensino già la tua fatica: per me è stato così.

Qui di seguito troverai alcune domande, utili per compiere una breve autoanalisi e capire se stai camminando sul giusto sentiero. Se non sei ancora arrivato alle conclusioni qui di seguito però, non preoccuparti: ricorda che ognuno di noi è diverso dagli altri, e per questo motivo ha i suoi propri tempi.

1. Quanto sei diventato consapevole?

   Sicuramente il tuo livello di coscienza e interazione con i mondi sottili – dimensioni impercettibili dai normali cinque sensi – è aumentato; diventa giorno dopo giorno più facile comprendere le connessioni tra ciò che è tangibile e ciò che è intangibile, mantenendo una stretta e costante collaborazione tra il tuo corpo e la tua mente.

2. Nutri ancora dubbi e paure?

   Beh, è praticamente impossibile, in questa fase del percorso, cancellare completamente dubbi e paure, o non subire più inganni di qualche tipo. La vita priva di problemi è ancora un'utopia, ma adesso sei consapevole di stare agendo nel miglior modo possibile, nella bellezza di una grande serenità interiore.

   È inoltre importante che tu riconosca che questa tua ritrovata pace non è il frutto di una convinzione automatizzata dal pensiero positivo, ma è bensì generata da una realtà che prima ti era sconosciuta.

3. Com'è la qualità dei tuoi pensieri?

   La qualità dei tuoi pensieri, delle tue emozioni e di ogni fattore che può contribuire a dare serenità è sicuramente migliorata.

   Proprio grazie a questo cambiamento, ora possiedi la forza di continuare con gioia a cercare il bene in luoghi profondi e inesplorati, appurando al tempo stesso che la vera Luce arriva all'istante, mentre quella in fondo al tunnel potrebbe essere solo una promessa illusoria.

   Le risposte di cui hai bisogno vanno cercate in te stesso e da nessun'altra parte, ricordalo!

Come ho già scritto, sei ancora all'inizio del tuo percorso e tante sono ancora le cose da scoprire e comprendere. Ecco alcuni degli obiettivi che raggiungerai, se sceglierai di proseguire questo cammino.

- **Comprendere la vita attraverso il meccanismo che si genera dal mondo invisibile verso quello materiale**.

  È di fondamentale importanza conoscere il vero ruolo dell'essere umano nell'Universo multidimensionale. Il sentirsi felici non può essere limitato alle semplici percezioni del cervello o alle speranze che si basano su pensieri altrui. Tutte le correnti religiose e filosofiche sembrerebbero portare, in un modo o nell'altro, a uno stato che somiglia all'annullamento di sé. Certamente, raggiungere questo obiettivo rende quieta la mente e, di conseguenza, anche il corpo, eppure i conti non tornano: che senso ha vivere, se il massimo scopo della vita è quello di annullarci in essa?

- **Comunicare e interagire consapevolmente con le altre dimensioni**, in modo tale da evitare il più possibile incomprensioni che conducono a errori e sofferenze per tutti gli esseri viventi che abitano la Creazione.

- **Comprendere il motivo per cui il corpo fisico è attaccato dalle malattie**, impercettibili ai cinque sensi, così come succede anche per gli altri nostri corpi sottili. Lo scopo di tutto ciò è porvi rimedio.

- **Arrivare a formulare una spiegazione davvero valida sulla morte e sul senso della perdita dei nostri cari.** In realtà, questo obiettivo si traduce nel conoscere con certezza cosa succede nell'Oltrevita, non solo per eliminare la paura della morte, ma anche per ritrovare la memoria individuale di chi ci sembrava perduto per sempre nell'Essenza Universale.

- **Seguire le tracce dell'Universo nella dimensione quantica**, per poi connettersi all'evoluzione spirituale raggiunta. Questa alchimia può plasmare il *macro* attraverso il *micro*, così come innumerevoli atomi compongono anche la stella più grande.

FAQ

Perché alcune persone sembrano sapere tutto
su argomenti misteriosi come le reincarnazioni
o le altre dimensioni e sono in grado di
interagire con essi, mentre io non percepisco
nulla?

Non puoi paragonarti alle altre persone: ogni percorso
è in se stesso unico e speciale, proprio come lo sei tu.
Considera che ognuno di noi vive nel suo universo e si

è creato la propria verità attraverso ciò che percepisce; tu interagisci con gli altri nelle infinite realtà parallele create dall'energia-pensiero, perciò quello che percepisci come reale può non essere percepito come tale dagli altri e viceversa. Quello di cui hai bisogno nel Gioco della Vita è già alla tua portata, per raggiungere il tuo obiettivo non è necessario arrivare per primo o essere il migliore, il solo fatto di nutrire ancora desideri di questo genere indica che sei ancora troppo condizionato dal Tuo Ego. Pensa invece che nel tuo viaggio hai bisogno di un solo alleato e stringi un patto eterno con lui. Non puoi fidarti di nessun altro e, inoltre, insieme a lui ti sarà impossibile perdere, perciò hai l'entusiasmo assicurato per tutta l'esistenza! Perché entusiasmo significa essere insieme al divino.

Perché, nonostante i miei sforzi, non riesco a sentire la mia voce interiore, non riesco a compiere viaggi astrali, non riesco a percepire le energie nell'universo e nella coscienza collettiva?

Evidentemente, adesso sei proiettato a percepire più intensamente la tua parte razionale e comunque non è detto che, in questa vita terrena, tu debba per forza avere percezioni extrasensoriali.

Adesso sei simile a un sordo che vive in un mondo

dove sono quasi tutti sordi come lui: quasi nessuno può sentire la musica, per questo c'è il forte sospetto che essa nemmeno esista. Eppure si può comporre una sinfonia meravigliosa anche se si è sordi, ma poi la domanda da porsi sarebbe: chi e quando l'ascolterà? A buon intenditore... Bastano sette note per spiegare le vele dell'universo!

Non ti servirà a nulla sforzarti di fare cose fuori dalla norma: fidati, se e quando sarà il momento di sbarcare nei sensi al di là dei sensi, tu sarai il primo a saperlo; nessuno di donerà mai dei superpoteri, perché sono già dentro di te.

Tre domande sugli extraterrestri e/o gli esseri di luce interdimensionali:

1) *Esistono?*

Sì! Sinceramente non li ho mai visti né incontrati nel "mio" universo, ma questo non mi impedisce di "sapere" che esistono. Tuttavia, si tratta di una conclusione cui sono arrivato unicamente attraverso la mia introspezione. In fondo non ha troppa importanza sapere se esiste qualcuno o qualcosa di completamente ininfluente nella tua vita, semmai è importante capire se e come interagisce con te un essere sconosciuto di qualsiasi energia, forma o dimensione. E questo puoi comprenderlo da solo attraverso la tua profonda introspezione.

2) *Sono buoni o cattivi?*

Non sono poi tanto diversi dalle forme di vita che conosci qui sulla Terra. Ce ne sono di buoni e anche di cattivi. Potrebbe sembrare che siano dotati di più poteri rispetto a noi ma in realtà hanno soltanto più consapevolezza e chi di loro è consapevole vive nell'amore incondizionato; chi invece crede di essere consapevole è schiavo del proprio ego spirituale... Insomma, esattamente come succede da noi.

3) *Ci salveranno?*

No! È impossibile che qualcuno possa salvarti.
Nemmeno i "salvatori" più accreditati dalla cultura
moderna, come Gesù, sarebbero in grado di fare una
cosa che soltanto tu puoi portare a compimento. Non si
tratta di una mancanza di volontà da parte loro, ma da
parte tua.

Pensaci, da che cosa dovresti essere salvato? Nel
migliore dei casi, questi esseri più evoluti potrebbero
assisterti nel comprendere le tue difficoltà e le tue
scelte, prima ancora di aiutarti a costruire tecnologie
più avanzate per vivere una vita terrena più facile e
comoda, ma i tuoi problemi derivati dall'egoismo non
scomparirebbero di certo grazie ad altri.

In questi tempi viviamo già in condizioni più agevoli
rispetto a una volta, ma, seguendo l'egoismo, l'Uomo si
è allontanato dalla propria libertà; è ora che la smetti
di tentare di scaricare le tue responsabilità sugli altri.
Non è affatto vero che i problemi del mondo non sono i

tuoi: anche tu ne fai parte. Come disse qualcuno, alzati e cammina... ma con le tue gambe!

Esiste Dio?

Assolutamente sì! Il punto è che devi saperlo riconoscere.

Ragionando sull'argomento, la tua mente tenta invano di capire qualcosa che è più grande di lei, talmente grande, in effetti, da essere al di fuori di ogni concetto immaginabile.

Il tuo cuore, lui sì, è in grado di istruire la mente su come comprendere la fonte eterna dell'amore incondizionato, ma ne è in grado solo quando la mente è davvero libera.

Puoi cominciare a capire come riconoscere Dio guardando alla tua coscienza, che è l'insieme delle coscienze di ogni tua cellula, che a sua volta è l'insieme

101

di quelle dei tuoi atomi, e così via. Ogni coscienza, infatti, ha la propria realtà nel livello dimensionale che riesce a percepire, perciò sei un essere multidimensionale.

Non devi considerare questo principio solo da te verso il *micro*, ma anche da te verso il *macro*; l'umanità ha una coscienza collettiva, che è l'insieme delle coscienze individuali, tra cui anche la tua. La Terra ha una coscienza che unifica le coscienze di tutti gli esseri viventi, umani, animali, vegetali e minerali, e così anche per i sistemi solari, le stelle, le galassie, eccetera. Prova a immaginare con il cuore la coscienza unificata della tua creazione, che non è mai stata *creata*, ma avviene attimo dopo attimo, e uniscila a tutte le creazioni di tutti gli esseri di tutte le dimensioni. Ecco, Dio non è soltanto la coscienza unificata di tutto ciò che è, non è soltanto colui che in sogno si è diviso in forme innumerevoli per avere esperienza di sé: Dio è oltre il Silenzio, dove la vita è plasmata dall'apparente Nulla e si rivela al cuore attraverso la Luce.

Spesso, durante il Gioco della Vita, ho l'impressione di combattere in totale solitudine contro forze molto più grandi di me; ho paura

che non riuscirò mai a vincere la mia battaglia
senza un aiuto molto potente, ma non capisco
come ottenerlo. Cosa posso fare?

Nella situazione in cui ti trovi ora, apparente o reale che sia, sei un essere mortale e condizionato da paure e inganni. Finché non avrai operato un immenso lavoro interiore, sarai troppo fragile, e quindi avrai sempre bisogno di aiuti da altri esseri, ma all'inizio non potrai sapere se quelli che arriveranno saranno aiuti positivi o negativi per la tua evoluzione. L'unica certezza che hai è il *qui e ora*, perciò, quando hai qualsiasi dubbio, usa questa unica realtà esperienziale come base solida.

Se sei arrivato fino a leggere queste parole di autentica verità, è evidente che non c'è mai stata una forza malvagia che ha voluto o potuto ostacolare il tuo cammino verso la libertà; di conseguenza penserai che probabilmente ci sono state energie d'amore incondizionato che, a tua insaputa, ti hanno aiutato durante questo infinito viaggio nel presente. Forse però, non sai che tutto questo avviene solo a un livello superficiale: scavando più a fondo dentro di te, scoprirai che è la mente a creare una finta lotta tra bene e male. Anch'essa si sviluppa seguendo la propria natura, dunque cerca di sentirsi eternamente al sicuro proteggendosi dietro la finta promessa di sentimenti che bramano di durare per sempre, pur sapendo che lo stesso "per sempre" non è che l'insieme di tanti "adesso".

Sulla base di queste premesse, puoi capire che stai combattendo una battaglia fittizia, creata in origine dalla tua mente che, per evolversi, non ha trovato di meglio che intrappolarti nei suoi condizionamenti. Questo spiega in che modo riesci a sopravvivere da chissà quanti *adesso*: un'Essenza apparentemente fragilissima, che vive in perfetto equilibrio tra le forze del bene e del male in un gioco che potrebbe diventare eterno anche per la tua coscienza.

Resta il fatto che, finché vivrai inconsapevolmente in

questa realtà che percepisci, avrai davvero bisogno di energie positive per contrastare quelle negative, altrimenti la tua vita terrena sarà un terribile fallimento.

Torniamo, dunque, ancora al *qui e ora*, ma stavolta è diverso esserci, sapendo come funzionano le cose. I "buoni" e i "cattivi", in un certo senso, esistono per davvero: sta a te selezionare le energie visibili e invisibili che ti arrivano dalla creazione. Tieni sempre presente che nessuno può davvero essere più grande di te, perché tutti noi siamo insieme di energie, uniti da alchimie universali perciò, se il tuo insieme di energie verrà "sconfitto" da un insieme malvagio, o se si aggregherà ad uno buono, nessuno mai potrà annullare l'altro senza il suo specifico consenso.

Chissà quante volte è già accaduto qualcosa di simile, e il risultato di queste innumerevoli unioni di energie è nella tua coscienza attuale. Ancora una volta, quindi, dipende tutto da te, perché l'altro, che ti appare più forte, potrebbe invece star subendo la tua influenza in ogni attimo, e viceversa: le percezioni che doni a te e agli altri generano le tue emozioni e i tuoi sentimenti, che sono perennemente relativi a ciò che fai e ciò che dai, momento per momento. Sei tu a stabilire quali alchimie di sensazioni trasmettere all'universo tra amore, paura, rabbia, gioia, compassione e quant'altro. Il risultato è il tuo arcobaleno, che diviene manifesto attraverso questa vita terrena, adesso.

Siamo arrivati in fondo a questo primo manuale. È stato il primo passo di un grande viaggio ma, nel Gioco della Vita, conta la direzione che prendi, non certo la lunghezza dei tuoi spostamenti! Perciò, se le pagine di questo libro hanno contribuito a cambiare i tuoi paradigmi, il tuo piccolo passo potrebbe essere la svolta decisiva della tua esistenza.

È comunque altamente probabile che al momento tu ti renda conto che qualcosa, nel tuo microcosmo, sta cambiando: alcune parti di te si sono già uniformate alla nuova mentalità, ma saranno le tue scelte quotidiane a stabilire se e quando le parti di te saranno abbastanza

forti da riuscire a cambiare anche la mentalità della tua
coscienza. Il Gioco della Vita è davvero pieno di inganni
ed è facile cadere nelle sue trappole e arretrare,
attraversando le sue innumerevoli contraddizioni, quelle
che ti convincono che la vita è dura, quando in verità
potrebbe essere estremamente facile e bella.

Per evitare di cadere in questi e in molti altri
trabocchetti, devi essere pronto ad affrontare eventi che
in questo momento la tua mente rifiuta e che quindi ti
appaiono terrificanti. Quando camminerai nella giusta
direzione invece, il mondo in cui vivi avrà uno schiavo in
meno, e tu vedrai la realtà come non l'avevi mai vista,
perché sarà colorata dalla tua Luce.

Sandro Napolitano

Sommario

E, nel secondo manuale del Percorso...

I vampiri energetici

Energie interdimensionali che agiscono in te attraverso i piani sottili. Come prevenire, riconoscere e gestire gli attacchi di ansia e di rabbia?

L'effetto Gas: l'adattamento allo stress

Che cos'è e come disabituarti.

Tu sei Energia

Non hai bisogno di cercarne altra, perché sei un flusso in cui scorre la Creazione. Suggerimenti su come trovare dentro di te l'energia per affrontare i momenti di stanchezza e sconforto.

E ancora, numerologia, simboli e sigilli, e molto altro di più, per continuare la tua Rivoluzione di Luce!

Guida essenziale per il viaggio della vita

Secondo volume

114

- Come diventare migliore -
Difendersi e Rinforzarsi

Sandro Napolitano

Sommario

SINTOMI ED ESPRESSIONI DI CIÒ CHE PERCEPIAMO COME MALE.

1) Considerazioni

2) Le Malattie

3) L'Amore sconosciuto

4) I Vampiri Energetici, Le Personalità Multiple e L'Effetto Gas

TU SEI ENERGIA!

1) "Lasciate che i vostri occhi possano vedere ciò che il vostro cuore sa da tempo"

2) Il mio amico Filippo

CONCLUSIONI

FAQ

INIZIA IL TUO PERCORSO!

Che cosa faresti se tu sapessi di non essere libero?
E se ti dicessi che puoi diventare un essere libero?

La strada verso la Libertà, nella Verità, è il percorso di cui parla questo manuale e può essere intrapresa da tutti in qualsiasi momento!

118

L'unico ostacolo? Sei tu stesso!

Soltanto tu puoi spiccare il tuo volo verso la Libertà,
non aspettare qualcosa o qualcuno che ti prenda per
mano:
adesso tocca a te!

Ogni attimo può essere quello giusto per cambiare la tua
vita,
la scelta è davanti a te: coglila!

Sei pronto a cominciare il viaggio
che ti porterà a comprendere come essere veramente e
assolutamente Libero?
Sfoglia le pagine di questo manuale
e realizza finalmente il tuo sogno!

INTRODUZIONE

Bentornato e benvenuto al nostro secondo appuntamento con questa semplice guida, che vuole soltanto indicarti come puoi, potresti e potrai vivere appieno il viaggio della vita!

Non preoccuparti se non hai avuto modo di leggere il primo volume della guida, perché questi manuali sono sì concatenati, ma sono stati concepiti in modo tale da poter essere letti e compresi anche non in sequenza numerica.

Comincia quindi serenamente a leggere queste pagine, poi, quando e se lo vorrai, potrai tornare indietro e scoprire cosa ti sei perso nel libro precedente.

Nel primo volume – Come interpretare il gioco della vita – ti ho descritto le basi dell'Esistenza, sottolineando la fondamentale importanza della tua libertà, intesa come **Libertà** da paure e schemi mentali che ti impediscono di essere Vero.

Ti ho esposto le regole del **Gioco della Vita**, il nostro personale tentativo di comprendere e imparare le nozioni basilari che regolano il complicato sistema di esistenze, che è la vita. È un po' simile al Risiko e insieme più semplice e complicato; non si vince né si perde nel Gioco della Vita, o meglio, nei Giochi della Vita, dato che ogni essere è al centro del suo personale Gioco e una pedina in quelli di tutti gli altri con cui interagisce. Infine, ho accennato ad alcuni metodi pratici da applicare al tuo vivere quotidiano per guardare dentro te stesso e riscoprirti. Insomma, insieme abbiamo gettato le basi per un cammino deciso e vincente!

Adesso però arriva il difficile: devi mettere in pratica quello che hai appreso in teoria. Come certamente avrai sperimentato, è facile parlare, ma è molto più complicato agire di conseguenza, cioè fare attivamente quello che dici o pensi.

Ma, quando dici qualcosa al mondo esterno, è soprattutto la tua Essenza che ascolta e questo vale anche per i tuoi pensieri. Puoi mentire a tutti, anche a te stesso, ma ci sarà sempre una parte profonda e sottile di te che sa perfettamente che nel *qui e ora* tu non sei Libero e Vero.

123

Il tuo corpo e la tua mente, a un livello per te ormai inconscio, sanno benissimo come vorresti e dovresti vivere e sono i primi a rendersi conto che invece non lo fai. Per questo motivo, in questa guida ti parlerò dei segnali che corpo e mente inviano in superficie, che abitualmente ed erroneamente chiami **malattie, ansie e depressioni**.

Qual è la forza che spesso ti spinge a comportarti in modo diverso da ciò che ti indica la bussola del cuore? Cosa ti persuade a seguire regole che non hai scelto?

Come puoi riconoscere e superare gli ostacoli che si frappongono costantemente tra te e l'unica condizione che può elevarti alla felicità autentica, la tua Libertà?

È l'**ignoranza** a generare la percezione dell'assenza di Bene, che si traduce nel malessere della tua individualità. Tutto questo malessere è trattenuto dall'**Effetto Gas**, ovvero la forma di adattamento allo stress che riuscirebbe a darti l'illusione di stare bene anche se tu fossi in mezzo all'Inferno.

Questa è la tua vita: devi e puoi viverla solo tu. Invece, esistono energie che cercano di sfruttare la tua vita a loro vantaggio, nutrendosi metaforicamente delle tue emozioni positive e negative.

A questo proposito, nella parte centrale del libro ti informerò sull'attività di entità e forme di pensiero soprannominate "**vampiri energetici**", e tu scoprirai di essere potenzialmente uno di loro!

Questo secondo manuale ti indicherà il modo di tradurre in atti abitudinari i buoni propositi che vengono dallo spirito e che rimangono incompiuti in questa dimensione fisica.

Ricordati che io non posso insegnarti nulla, così come nessun'altra persona diversa da te stesso può: tutto ciò che impari avviene perché tu hai scelto di comprendere e fare tua una *lezione* in quel determinato momento. Questo però non deve indurti a credere che, prima o poi, tutti impareranno tutto, perché non è affatto così!

Tu qui sei perennemente in bilico su un abisso e la tua esistenza potrebbe cadere nel nulla, per fortuna non lo sai e questa è una delle poche note positive che ti regala involontariamente l'ignoranza. Ogni essere che incontrerai, ha la sola possibilità di informarti, ma solo tu puoi imparare a volare oltre lo spazio infinito, attraverso il tuo vissuto unico e individuale.

Saranno le tue scelte a determinare il tuo destino, sarà la Libertà che avrai conquistato a misurare la tua effettiva felicità e perfino la tua immortalità.

Innanzitutto, dovrai liberare la tua mente, prima di connetterla alle energie più pure. Per adesso, io posso aiutarti solo fornendoti le giuste informazioni che potrai applicare al tuo percorso, inoltre posso portare alla tua attenzione i simboli, i sigilli e la numerologia: vere e proprie scienze spirituali che si tramandano attraverso la coscienza universale. Il resto dipenderà dalla tua volontà, ma il solo fatto di stare leggendo queste righe dimostra che tu hai finalmente trovato la strada migliore!

*Non lasciarla mai più, non lasciare incompiuto il tuo viaggio nella felicità: **il sogno eterno e immortale.***

.

ALLA BASE DELLA PERCEZIONE DEL MALE

1) *Esiste veramente il Male?*

Allora, cominciamo il nostro percorso verso la Luce cercando di definire quello che viene inteso essere il suo opposto, ovvero l'Oscurità, il Male.

Esiste davvero il Male?

Naturalmente, no! Al massimo, potremmo dire di avere una percezione del Male, ma si tratta di una sensazione assolutamente soggettiva. Infatti, ogni individuo ha una propria scala di valori, che è unica, perciò quello che a una persona può apparire malvagio sembra benevolo a un'altra e viceversa. Inoltre, questi valori personali sono variabili dipendenti dalle situazioni e dagli stati d'animo del loro "proprietario".

130

Ovviamente esistono dei valori che rappresentano il Bene in modo indistinto, eppure ci sono esseri che non ne percepiscono l'assolutezza.

Ad esempio, la Vita e la Libertà sono sicuramente dei valori assoluti e quindi dovrebbero essere rispettati da tutti, ma noi sappiamo che non è così. Chiunque antepone i suoi scopi egoistici a questi valori dimostra di fatto di non comprendere la fondamentale importanza del loro rispetto a ogni costo. Non è giustificabile che alcuni esseri abbiano smanie di potere o squilibri mentali talmente forti da non poter resistere alle proprie debolezze: la società, intesa come insieme di persone consapevoli, può sempre trovare il modo di curare o fermare chi non rispetta la Vita e la Libertà del prossimo, e non vale solo per chi crea guerre e violenze, ma anche per chi abusa psicologicamente e fisicamente degli indifesi e dei deboli. Tutto questo succede a causa del percorso confuso ed egoistico che questi esseri smaniosi e disturbati stanno seguendo, per la cui conseguenza si fanno guidare da pensieri negativi che essi percepiscono erroneamente come positivi, soltanto perché in quel determinato tempo sono a loro vantaggio. Immagina che confusione si crea in ogni istante: innumerevoli esseri che interagiscono e lottano tra loro per attirare le energie che in quel momento appaiono loro favorevoli e che poi cambiano idea a ogni mutamento degli eventi più grandi. Alla fonte di tutto questo c'è l'egoismo, che causa la mancanza di saggezza, che a sua volta genera l'ignoranza e che infine si traduce in percezione del Male. Ecco, tu devi uscire da tutto questo!

Puoi farlo elevando i tuoi corpi attraverso la tua mente e raggiungendo così la purezza dello spirito. Arriverai a percepire il Male per ciò che è realmente: soltanto assenza di Bene.

A questo punto, tu potresti domandarmi: cosa sono tutte quelle cose che normalmente classifico come "Male"?

Probabilmente, avrai elencato alla voce "Male" tutte le guerre, gli abusi, le violenze, le malattie e così via, ma io ti dico che niente di tutto questo esisterebbe di per sé stesso: si tratta di eventi che si formano attraverso il raggruppamento di innumerevoli micro-situazioni, che si attraggono e si uniscono a causa di forme-pensiero inconsapevoli partorite da chi agisce con una tendenza egoistica.

Per esempio, le guerre e le violenze sono generate da menti che vivono in una grande ignoranza e che sono contemporaneamente molto lontane da uno o alcuni dei Quattro Principi dell'Esistenza, ovvero il Rispetto, la Comprensione, l'Empatia e la Compassione, di cui abbiamo discusso nel primo manuale.

Quanto più le menti riflettono pensieri negativi e contorti, tanto più le situazioni si allontanano dal Bene e, più sono le menti che, trovandosi in sintonia, contribuiscono a questo degrado, più grande sarà l'evento negativo che coinvolgerà più energie e più persone.

Da ciò deduciamo che, a seconda degli ostacoli che incontriamo, della volontà *buona* o *cattiva* che ci mettiamo e di quante menti affini a essa incontriamo, si può facilmente passare dal "Bene" al "Male" individuale, a quello a livello mondiale. Considera che nessuno applicherebbe molta forza di volontà a ciò che secondo lui è malvagio, nemmeno tu, perciò le credenze che hai e la loro importanza nella tua esistenza diventano fondamentali: è da qui che nascono i pensieri e le azioni che ti convincono che ti stai avvicinando al Bene, mentre chi contrasta le tue idee si sta automaticamente allontanando da ciò che per te è positivo. In conclusione, possiamo affermare che la tua *lista di cose malvagie* deriva da credenze che sorgono nel tuo corpo mentale e che, in quanto tali, non sono mai credenze assolute, perché sono costantemente soggette a manipolazioni e inganni. Il cervello è come un'antenna che riceve e trasmette segnali che provengono sia dall'interno che dall'esterno, per poi tradurli in percezioni positive o negative: la finta lotta tra il Bene e il Male.

Se la lotta tra il Bene e il Male è fittizia, allora avviene solo nella tua mente!

Certo noterai che gli orrori che accadono nel mondo e le atrocità di cui sei testimone non sembrano solo il frutto della tua immaginazione; è effettivamente così, tutto sembra essere un'unica esperienza reale in questa dimensione fisica, per te e per il mondo esterno alla tua mente. Inoltre, forse sarai sorpreso nell'apprendere che in molte altre dimensioni va anche peggio! Magari questa non è una grande consolazione, ma ti assicuro che è proprio così. La sofferenza esiste, a moltissimi livelli visibili e invisibili, e non si può cancellare soltanto sperando o credendo che sia finta. Io non sono qui per convincerti che vivresti meglio se alimentassi soprattutto il pensiero positivo. La positività è una componente essenziale del tuo percorso, ma deve arrivare a te come una conseguenza, non può essere un motore per il tuo miglioramento, perché, quando manca di consapevolezza, non possiede la forza necessaria per elevarti a dimensioni più profonde.

Voglio che tu ragioni esclusivamente con la tua testa e il tuo cuore, usandoli in contemporanea e senza farti influenzare da niente e nessuno. Potrai così ampliare il tuo punto di vista, fino a comprendere che la possibilità che la vita si estenda in altri livelli di esistenza è molto più una consapevolezza che una speranza. Una volta che avrai raggiunto questa nuova prospettiva, vedrai e vivrai il mondo in modo diverso, meno superficiale. Comprenderai che il Male è una sensazione percepita dal tuo essere umano, il che non significa che non sia reale, ma che è una rappresentazione di qualcosa di molto più grande e profondo.

Alla base della percezione del Male c'è l'assenza di conoscenza e di saggezza. Le due cose non sono sempre inscindibili, ma, nella tua situazione attuale, probabilmente manchi di entrambe, anche se potresti essere saggio senza sapere nulla! Ti basterebbe semplicemente seguire il tuo cuore attraverso l'intuizione.

In ogni caso, il Male – o, per meglio dire, la sua percezione – è causato soprattutto dall'assenza di conoscenza, ovvero dall'ignoranza. È attraverso l'ignoranza che miliardi di esseri umani inconsapevoli e simili a te sono manipolati e *spremuti* delle loro energie da tempo immemore. Purtroppo, molti esseri che hanno raggiunto una vasta conoscenza si sono lasciati ingannare dall'Ego ai livelli più profondi, l'Ego Spirituale, e hanno usato questa conoscenza acquisita senza avere saggezza. Anche chi all'inizio era in buona fede, ha scelto, senza nemmeno rendersi conto, di vivere egoisticamente sfruttando gli eventi e le masse per scopi opportunistici. Essi sanno perfettamente che non esiste un dio che li punirà, però non si rendono conto di essere loro stessi degli schiavi, anche se vivono in una gabbia dorata. Anche tu, se avrai volontà, giungerai a un livello di conoscenza molto alto e sceglierai se esistere in un'autentica consapevolezza infinita o carpire energie agli altri usando una consapevolezza illusoria. La tua stessa scelta stabilirà il metro della tua vicinanza all'assoluto, che molti chiamano Dio.

2) *L'ignoranza*

Avrai già sentito dire che l'ignoranza è l'origine di tutti i mali; è così, eppure esistono molti esseri che hanno una conoscenza molto vasta su tantissimi argomenti, senza che questo impedisca loro di vivere in modo egoistico e quindi fondamentalmente "nel Male". Succede perché la loro mancanza di saggezza è comunque una forma d'ignoranza, di allontanamento dal Bene.

Per ignoranza non devi quindi intendere solo la mancanza di conoscenza teorica di fatti o argomenti, ma anche la mancata osservanza dell'intelligenza dello spirito puro, che sa come vivere in modo autentico: l'Intelligenza di Dio, che è semplicemente e assolutamente Amore Incondizionato e vive dentro ogni essere.

Se tu fossi un essere onnipotente, cosa faresti per non essere ignorante? Innanzitutto, dovresti conoscere te stesso, ma dopo dovresti anche spingerti oltre e conoscere ciò che esiste al di là di te. In natura, molti comportamenti ci appaiono perfino orribili e incomprensibili, puoi trovarne innumerevoli esempi di ogni tipo e in ogni specie: come potresti comprendere appieno perché succedono certe cose? E cosa provano i protagonisti in prima persona?

L'unico modo possibile per saperlo è farne esperienza vissuta e non solo teorica! Soltanto così avrai le stesse percezioni di chi genera le energie e capirai in che modo gli appaiono positive o negative.

Allo stesso modo, un altro essere umano è come se fosse un universo che viaggia in parallelo con il tuo, ma non sarà mai uguale a te, perciò non potrai comprendere i suoi pensieri e le sue azioni se non vivendo tutte le sue esperienze. Soltanto così potresti comprendere i meccanismi della finta lotta tra Bene e Male che è nel Tutto. Purtroppo, nel *qui e ora* non puoi avere coscienza delle altre realtà individuali; nella tua situazione attuale vivi in uno stato duale, con una sola prospettiva che in più è assolutamente parziale, instabile e ridotta. Non sai nemmeno chi sei e cosa ci fai qui! Hai due alternative per scegliere il tuo paradigma: o sei arrivato qui in modo fortunoso e casuale e la tua esistenza è tutta compresa nella parentesi tra la nascita e la morte, oppure puoi volgere la tua attenzione al fatto stesso che il tuo cervello è arrivato a uno stadio evolutivo tale da porsi delle domande esistenziali e tentare di comprenderne causa e scopo.

Quasi tutte le risposte sono certamente determinate o influenzate dai bisogni e dalle paure dell'uomo, ma ce ne sono alcune che non arrivano dal ragionamento logico della mente. Comunque tu la voglia vedere, sappi che l'essere umano che vive in questa epoca non è affatto caduto nell'ignoranza, al contrario, è la massima espressione di Dio in questa dimensione! Visto che questa è l'unica realtà che riconosci, tu rappresenti la manifestazione più evoluta di Dio, esattamente così come sei e ti vedi.

Tutto il resto è solo teoria e tale rimarrà finché non ti sarà manifesta. Il tuo Ego subirà un duro colpo quando apprenderà che probabilmente non esiste un dio onnipotente che lo protegge e che mette giustizia, o che lui stesso non è un dio onnipotente che si trova qui per una "vacanza", ma tu non sei solo Ego, non sei solo Mente, sei una sorta di universo in evoluzione che comprende tutto! Perciò è arrivato il momento di smettere di credere a tutto quello che ti raccontano solo perché ti piace e ti fa comodo, *adesso è ora di cominciare a vivere la tua vita reale.*

Lo scopo della Vita è evolversi, il che significa che questo è anche il tuo scopo, e puoi evolverti solo liberandoti dall'ignoranza. Come abbiamo detto, non c'è nessun essere conosciuto che sia più evoluto dell'Uomo, quindi tu sei già più libero dall'ignoranza di altri, ma questo non può ovviamente bastarti. Vedi, adesso tu sei nella condizione di poter scegliere di vivere credendo di essere felice, ritagliandoti un tuo personalissimo universo costruito a tua immagine e somiglianza, con le esatte dimensioni della tua mente.

La mente è elastica, può espandersi all'infinito creando le condizioni migliori per fornirti emozioni e sensazioni sempre più varie e intense. Saresti sicuro di esserti liberato, così, dall'ignoranza? E se tutto il tuo universo fosse soltanto una proiezione della tua mente? Pensaci, l'essere umano ha creato ogni credenza immaginabile, ha plasmato energie emozionali e di ogni tipo, vissuto illusioni di sentimenti di amore, rabbia, passione, violenza... E ha fatto tutto questo solo attraverso la mente!

Bada bene che questo non dimostra che tutto sia stato generato dalla mente, perché essa potrebbe essere soltanto un ricevitore e diffusore di segnali, ma fatto sta che non esiste niente al mondo che l'uomo non abbia conosciuto senza l'aiuto della sua mente. È anche importante considerare che egli non è mai uscito dalla Terra, non ha mai conosciuto gli innumerevoli pianeti e galassie di questo vastissimo universo, per non parlare di altre dimensioni dell'Esistenza. Anche se in qualche modo ha compiuto visite sporadiche sulla Luna o su Marte, non significa che egli ne abbia tratto esperienza vissuta e cosciente come succede qui sulla Terra, senza contare che persino su questo mondo esistono innumerevoli misteri ancora irrisolti e chissà quante altre cose sconosciute, a partire dal centro della Terra fino alle particolarità più estreme della Natura. Tutto ciò che è nella memoria dell'Uomo è accaduto in questo minuscolo e sperduto puntino dell'universo, invece, osserva tutto ciò che è altro dall'essere umano: la natura, le stelle, l'universo. Anche queste meraviglie sono state ideate dall'Uomo solo con la sua mente? Oppure la mente è solo uno strumento e non può creare nulla?

Ti lascio due indizi per aiutarti a rispondere da solo. Primo, l'universo è fatto di energia prevalentemente sconosciuta all'Uomo ed è molto più profondo di quanto appaia adesso. Secondo indizio, la mente non può immaginare ciò che non ha già visto o vissuto.

Se risponderai correttamente a questa domanda, potrai cominciare a liberarti dall'ignoranza!

Ci sono tante strade che puoi percorrere, ma una sola ti condurrà oltre l'egoismo e perciò anche all'assenza d'ignoranza: vivi nell'Amore Incondizionato. Non ti basterà pensare semplicemente che sia una cosa bella o giusta, devi proprio viverla in ogni tuo atomo!

Tu sei una parte di Dio e Lui sta facendo esperienza attraverso di te per *tornare a casa*, all'Amore Incondizionato: certamente non hai memoria di questo e non puoi sapere se è vero, di conseguenza nessuno tende a dare la giusta importanza a questa informazione. È tuttavia utile che tu non scarti mai questa probabilità, anzi, tienila sempre presente, perché un bel giorno ti servirà molto più di quello che credi! Intanto, ti dirò che cosa puoi fare con le tue attuali capacità.

Sai per certo che ti manca la conoscenza assoluta, perciò l'unico modo che hai per allontanarti dall'ignoranza è avvicinarti all'Amore Incondizionato attraverso la saggezza. Un cuore puro è umile e semplice ed è già colmo di saggezza, ma, per agire nella dimensione fisica, ha bisogno di una mente liberata dai condizionamenti. Tutto questo "meccanismo" scatterà soltanto nel momento in cui cambierai il tuo paradigma, perché con esso cambieranno sia le tue credenze che lo scopo della tua intera esistenza!

SINTOMI ED ESPRESSIONI DI CIÒ CHE PERCEPIAMO COME MALE.

1)   Considerazioni

Adesso devi comprendere come puoi vivere nelle percezioni positive per poter evolverti in misura esponenziale nell'ambiente più adatto a te. Ormai hai capito che, per conoscere, devi cominciare a conoscere te stesso; allo stesso modo, devi sperimentare e vivere in te stesso ogni intenzione sull'Amore Assoluto.

La massima espressione dell'amore non è, come potresti pensare, solo gioia e serenità: dentro di te esiste tutto ciò che adesso fatichi anche a immaginare. Eh già, amore e morte, luce e buio, gioia e dolore non sono facce della stessa medaglia, ma sono la stessa cosa! Prova a pensarci bene: l'una permette all'altra di esistere e viceversa. Semmai sei tu che rappresenti le due facce della stessa medaglia con il tuo libero arbitrio, i tuoi valori, i tuoi sentimenti, le tue scelte. Tutto il resto è energia pura e neutra. Questo è Amore Incondizionato, non devi cercarlo – perché è già tutto in ciò che vivi -, devi solo riconoscerlo. Ti faccio un classico esempio. Molti sognano, sperano e credono nell'amore eterno da e nei confronti della persona amata; è perfettamente naturale che una mente che vive circa cento anni, facendo sempre quello che i sistemi di controllo le "suggeriscono", abbia questi propositi.

La mente limitata dalle regole e dalle abitudini non è in grado di comprendere realtà più grandi di lei, o, per meglio dire, oltre la gabbia in cui è rinchiusa. Sforzati comunque di immaginare di fare e ripetere le stesse azioni, provando le stesse emozioni per un miliardo di secoli, poi per mille miliardi di secoli ancora e infine per un numero di anni che noi non siamo più in grado di rappresentare: nemmeno quest'ultimo immenso numero basterebbe a colmare l'Infinito, quell'eterno che è così facile da pronunciare, ma evidentemente così impossibile da vivere attraverso gli schemi abitudinari. Per quanto ti sforzi di cercare novità, prima o poi giungerai anche tu a capire che l'infinito esiste solo nei modi diversi di guardarlo. Per questo giunge la morte, perché l'amore e la vita possano rinascere e rinnovarsi per sempre.

D'altra parte, se tu provassi dei sentimenti autentici e se fossero ricambiati, tu e la tua "anima gemella" non permettereste all'eternità di uccidere le vostre passioni con il pericolo più grande che si può correre in una scala di tempo infinita: la noia. Pensaci, magari tu esisti proprio perché un essere onnipotente e immortale sarebbe potuto diventare incapace di provare sentimenti, e tu sei la manifestazione della soluzione migliore che ha ideato per amore. Per amare, per sempre.

Ognuno vorrebbe che esistessero solo felicità, serenità e benessere per se stesso e i propri cari, l'Amore Incondizionato ne è ben cosciente, ma conosce anche l'intera creazione moltiplicata per l'eternità e la sua visione è diversa da quella parziale e inevitabilmente soggettiva che caratterizza ogni individuo.

Pensa al significato profondo della perfezione. Che cosa s'intende, esattamente, per *perfetto*? Che funziona meglio? Che ha più potere? Se ti guardi intorno, puoi notare che ci sono pochissime cose che funzionano appena discretamente per molti e che soltanto un numero ristretto di esse potrebbe rendere felici tutti, senza contare la loro difficile applicazione nel vissuto quotidiano di ogni forma di vita attuale.

L'unico modo per evolvere verso la perfezione è seguire le leggi universali dell'Amore Assoluto, per poi scoprire insieme che la perfezione assoluta assomiglia più al nulla, e che per fare il tutto ci vuole quel pizzico di sana follia umana.

Vedrai che c'è un'enorme differenza tra Amore Incondizionato e amore come lo intendiamo normalmente noi, che, di fatto, è soggetto a molte condizioni. L'amore terreno è basato sull'aspettativa di ricevere dopo che si è donato; non c'è niente di male, è comprensibile che sia così nel *qui e ora*, tuttavia, finché non accantonerai questa prospettiva parziale e imprecisa di ciò che è amore, non riuscirai mai a cambiare i tuoi paradigmi.

Di conseguenza, continuerai a percepire alcune energie solo nel "Male", senza capire cosa, chi e come è questo "Male". In questo modo però alimenterai anche l'odio in te e non riuscirai a evolverti come vorresti, né tantomeno a contribuire alla creazione di un mondo migliore. Infine, non potrai nemmeno aiutare in modo reale e tangibile le persone a cui va il tuo affetto, siano esse vive o morte, ma vivrai e vagherai in eterno come un fuscello smarrito, inconsapevolmente in balia del vento degli eventi. L'Amore Incondizionato, invece, travolge tutto e tutti, creando e trasformando la vita stessa! In una tale dimensione di coscienza, le aspettative e le dualità non esistono, la stessa Esistenza è così intuitiva da risultare chiara e semplice all'istante.

Nella Creazione esistono molte forze più veloci della luce; tra quelle conosciute, una è il pensiero, un'altra, ancora più veloce, è l'intuizione. In mezzo a pensiero e intuizione c'è l'intento, ma la forza più veloce in assoluto è l'Amore Incondizionato, perché unisce e moltiplica all'infinito ogni altra forza. Per cominciare il percorso verso l'Amore Incondizionato devi liberarti dagli ostacoli che incontri in te stesso; eliminarli ti è impossibile, devi superarli e, per farlo, è necessario che tu li comprenda. Inizieremo a esaminare quei particolari ostacoli che chiamiamo malattie e che ci accompagnano, contro la nostra volontà, per tutta la durata della vita.

2)   *Le Malattie*

Prima di iniziare a parlare di questo delicatissimo argomento è necessario fare una premessa. Questi manuali sono scritti partendo da un punto di vista razionale, e ogni essere umano potrà verificarlo con la propria esperienza.

Il lato materiale e fisico è quello più immediato, da esso derivano le incomprensioni e le sofferenze che si percepiscono da fuori, tuttavia è necessario sapere che vanno risolte dall'interno, dove si sono generate: qualsiasi percezione del male è in verità un riflesso di un qualcosa di insoluto, che parte da dentro e si riflette all'esterno, per poi ritornare infine ancora all'interno modificato da innumerevoli circostanze e credenze. Perciò, dove è stato possibile, ho scelto di non affrontare questi argomenti cominciando con spiegazioni basate su livelli spirituali: sarebbe come iniziare subito con delle conclusioni che, se non fossero ben comprese, apparirebbero soltanto teoriche e si perderebbero tra la confusione delle innumerevoli ipotesi. Naturalmente tutti hanno un proprio livello evolutivo, e quindi anche una personale comprensione della realtà: come sempre non esiste una gara tra chi fa meglio, ma può soltanto esserci la tua volontà a fare del tuo meglio per te stesso e, di riflesso, anche per il tutto.

A volte, la sofferenza è un passaggio di crescita inevitabile, ma l'evoluzione non è automaticamente un cambiamento in meglio soltanto perché si soffre o passa il tempo: tutto dipende da come affronterai e supererai ogni situazione che avrai davanti di volta in volta.

Ognuno può e deve arrivare da solo alla conoscenza, ci sono tanti modi per farlo: uno di questi è apprendere con mente e cuore il significato profondo del manuale che stai leggendo in questo momento, qui troverai delle utilissime informazioni che potranno aiutarti prima a non confondere e poi a comprendere.

Moltissime persone temono le malattie gravi e invalidanti anche più della morte, di cui non parleremo in questo manuale per non complicare oltremodo un ragionamento che è già di per sé difficile. Innanzitutto, voglio esprimere il più profondo rispetto e la mia vicinanza verso chi soffre, la mia sincera speranza è che tutti insieme riusciremo a trovare il modo per alleviare, se non azzerare, i dolori degli esseri viventi, quindi anche quelli causati dalle malattie.

Questo è un argomento estremamente delicato: ognuno deve prendersi la responsabilità di interagire direttamente con i propri livelli profondi, non è possibile delegarla ad altri, sarebbe come chiedere a qualcuno di vivere al posto tuo! Troppo spesso sei tu a male interpretare molti dei segnali che percepisci, ma comprendendo il dialogo interiore avverrà qualcosa di molto più profondo, perché finalmente si accenderà la scintilla che viene dal cuore.

Esistono malattie fisiche e mentali di innumerevoli tipi e gravità, io mi limiterò a esporti i principi che causano quelle più comuni e a suggerirti una strategia per comprenderle, tutto il resto dipenderà da te e non potrebbe essere altrimenti! Questa è la tua vita: la tua mente, il tuo spirito e la tua anima hanno scelto, consapevolmente o no, di essere chi sei adesso. Tieni presente che nessuno che ama in modo puro si permetterebbe mai di consigliarti come modificare il tuo percorso senza il tuo pieno e consapevole consenso, perciò prova a seguire queste informazioni e agisci solamente se queste parole ti risuonano giuste nel cuore.

Probabilmente sei spesso costretto a convivere con mal di testa, ansie e depressioni più o meno intensi. Inoltre, tu o i tuoi cari potreste esser colpiti da malattie anche molto gravi, come alcune patologie degenerative, che portano dolori fisici indescrivibili e grandi pene anche a livello emotivo, sia per chi è malato che per chi gli è vicino. Capita di frequente che le persone colpite da queste malattie arrivino a desiderare la morte per non soffrire più.

Che senso ha tutto questo dolore? Forse è una forma di lezione o di punizione, ma da parte di chi? Dio ha di meglio da fare che punirti e darti lezioni superflue!

Una lezione è utile solo quando si può imparare e migliorarsi, ma, nel caso delle malattie, la lezione avviene prima che esse possano generarsi. Semmai la malattia in corso può essere interpretata come un segnale di Stop, significa che qualcosa dentro è arrivato al punto di non potere andare oltre e, a volte, anche di non ritorno. I segnali di Stop sono tanti e vanno ascoltati molto attentamente e interpretati, all'inizio sono quasi impercettibili e, mano a mano che vengono trascurati, diventano sempre più forti. Ci sono cause facili da individuare, come le ferite e gli avvelenamenti provocati da altri, oppure come ciò che si mangia o che si respira. Guerre, violenza, inquinamento, cibo sbagliato, fumo, alcool, droghe e così via, sono solo la punta dell'iceberg delle situazioni che generano stati di malessere. Il grande "meccanismo" si forma nelle zone invisibili ed esiste soltanto un essere in grado di provocare e fermare ansie, depressioni e malattie al tuo corpo e alla tua mente: tu stesso! Ovviamente, tutto questo accade in modo involontario e inconsapevole, ma la causa principale delle tue sofferenze è il tuo permettere alle energie negative di entrare nei tuoi corpi fisici e immateriali.

Una volta che le negatività sono entrate, tu le lasci lavorare indisturbate, anzi, spesso le generi e le alimenti, senza rendertene conto!

Le emozioni e i sentimenti di rabbia, violenza e vittimismo e i sensi di colpa che provi nell'arco della tua vita sono energie negative che entrano nel tuo corpo fisico attraverso una sorta di proiezione mentale e lì rimangono finché la stessa mente, che le ha generate, non le rimuoverà. Il corpo fisico non sa distinguere le energie materiali da quelle immateriali, perché, a livello di vibrazioni, tutto è simile a una rappresentazione olografica: cuore, fegato, polmoni e ogni parte del corpo

160

non sono che onde molto simili alle vibrazioni emesse dai pensieri. Il corpo fisico comunica con te a questi livelli e, di conseguenza, reagisce e cerca di difendersi come può da attacchi che gli sembrano arrivare dall'esterno, senza sapere se essi sono reali o prodotti dalla mente: di fatto, per lui non fa alcuna differenza! Il corpo, dunque, passa giorni, mesi, anni a difendersi da ipotetici malesseri che sono stati creati dalla mente che ha percepito degli episodi negativi, ma tali reazioni non sono innocue, perché, come abbiamo detto, il livello fisico interpreta reali tutte le vibrazioni dei pensieri; di conseguenza, le parti del corpo maggiormente coinvolte nelle *battaglie di vibrazioni* si infiammano realmente durante il processo che serve a sconfiggere un nemico che non sarebbe mai esistito, se non fosse stato generato e alimentato dalla mente.

Il paradosso è che la fase dolorosa è semplicemente il segno che il corpo ha vinto la sua "guerra" e sta provvedendo a ristabilire le normali funzioni nel miglior modo possibile. Quella che chiamano erroneamente malattia, infatti, è la fase naturale di guarigione del corpo. Invece quelle che chiamano medicine sono solo un supporto per tenere in apparente benessere il corpo in modo artificioso. Purtroppo le abitudini e le informazioni sbagliate, dovute soprattutto al business delle potenze mondiali, rendono molto difficile credere di poter guarire senza l'aiuto delle medicine. Forse possono farci credere che la vita media dell'uomo si sia allungata grazie ai farmaci, ma non certo la qualità, soprattutto se proporzionata alle grandissime scoperte scientifiche e tecnologiche. Ogni essere che vuole evolvere ha la capacità e il dovere di iniziare a trovare verità e conoscenze dentro sé stesso, solo dopo comprenderà di chi e di cosa può fidarsi davvero.

Da solo, questo principio basterebbe a spingerti a imparare a comunicare al più presto con il tuo corpo. Comprenderesti innanzitutto i suoi reali bisogni alimentari e, mano a mano, anche i metabolismi vitali migliorerebbero. Avresti la netta e reale sensazione di vivere in un mondo più sereno, privo d'inutili collere e vittimismi, dannosi a te e a tutto l'universo, e avresti già eliminato l'insorgere della quasi totalità dei tuoi mal di testa, prevenendo anche buona parte delle malattie degenerative, come per esempio i tumori.

Risolvere il problema delle malattie non è ovviamente così semplice.

Ognuno ha il suo percorso, che deve e può comprendere i propri bisogni personali, basati sul livello evolutivo raggiunto. Per esempio, dal punto di vista umano, non sappiamo spiegarci come alcune terribili malattie possano colpire persone buone, umili e semplici, addirittura i bambini innocenti; al di là delle ipotesi spirituali che potrebbero spiegarne il motivo, sarebbe interessante constatare quante malattie colpiscono apparentemente in modo casuale gli esseri viventi, se c'è una reale sintonia e una comunicazione consapevole fra mente e corpo, e se questa è tramandata di generazione in generazione. Capita, infatti, di nascere già predisposti a subire malattie di diversa gravità a causa degli errori commessi dalle generazioni precedenti alla nostra e che sono giunti a noi attraverso il DNA.

Una malattia non è mai una punizione, ma nasce da un errore, e l'essere umano sbaglia anche senza rendersene conto.

Tutto sommato, potremmo considerare che, nell'arco della sua vita, l'uomo riesce a passare un'incredibile quantità di tempo senza subire grosse conseguenze, se sono messe in proporzione agli innumerevoli errori che commette. Questa è una prova lampante della straordinaria forza che hai dentro: immagina quanti aggiustamenti attua il tuo corpo senza che tu te ne accorga per riparare agli sbagli che gli arrivano dall'inconsapevole mente. Hai una straordinaria capacità di adattamento, che però vedrai più avanti in che modo ti mostrerà il suo lato negativo: l'Effetto Gas, l'adattamento allo stress.

A volte però succede che una persona abbia immesso troppa negatività nella sua vita e che forse non ci sia più nulla da fare, però, anche in casi estremi, rimane sempre la speranza che qualche energia positiva riesca inaspettatamente a sistemare danni che sembrano irreparabili.

In nessun caso conviene temere la sofferenza e precipitare in un abisso di paure senza conoscere la causa o lo scopo di ciò che ci succede, bisogna invece accettare ciò che arriva con coraggio e dignità, perché è proprio nelle condizioni più disperate che si può cercare di capire in che modo si potrebbero comprendere e prevenire le malattie, provando a superare i propri limiti e a perseguire il miglior risultato possibile: una grande lezione di vita, autentico Amore Incondizionato per se stessi, per gli altri e per le generazioni future.

Non ci sono alternative valide, l'unico modo per affrontare un grosso dolore è comprenderlo; potresti scoprire che, potenzialmente, le malattie possono addirittura essere il miglior mezzo per una svolta decisiva verso l'Amore Assoluto. Ci sono stati casi di persone che, dopo aver vissuto egoisticamente per anni, hanno compreso il loro sbaglio grazie al fatto di essersi fermati, costretti da una malattia, a riflettere sul loro percorso.

Pensa a una persona che commette orrori di ogni genere, una persona talmente degradata che non sembra avere speranze di pentimento e redenzione: come persuaderla a cambiare mentalità, se non ne ha l'intenzione? La si potrebbe rinchiudere, punire oppure uccidere, sperando che la sua anima apprenda una severa lezione per la prossima vita, ma a noi non interessano le speranze o le teorie. Di fatto, nel *qui e ora* c'è una sola speranza che un individuo reticente cambi mentalità.

Soltanto una malattia può costringere una persona malvagia ad abbandonare la sua follia e magari indurla a riflettere con umiltà; questo eviterebbe il generarsi di ulteriori energie negative, perché non verrebbe considerato un atto di giudizio o di punizione perpetrato da un altro uomo: la malattia che interviene per bloccare le cattive azioni è parte della persona stessa! Se anche l'uomo in errore finisse per mantenere la sua indole invariata, la malattia gli avrà sicuramente dato la migliore lezione terrena possibile, limitando al minimo i danni "collaterali", perché completamente esente da azioni e giudizi altrui. Inoltre, essa gli avrà anche impedito, grazie alla condizione debilitata in cui l'ha posto, di fare del male a esseri incapaci di difendersi e di creare forme pensiero distruttive che derivano dall'odio e dal giudizio, come accade in situazioni che implicano scontri tra esseri umani (prigioni, torture, vendette, punizioni, uccisioni). Una malattia, anche se non cambiasse la mentalità di chi sbaglia, bloccherebbe almeno la folle ed eterna spirale negativa che automaticamente nasce dall'assenza di perdono reciproco.

Infine, riassumeremo i passaggi principali in modo che entrino con più facilità in mente.

Le malattie non sono un male, ma si manifestano a te sotto forma di segnali inviati dal tuo corpo; esse non vengono dall'esterno, ma sono la rappresentazione di una parte di te e del tuo percorso.

Spesso la scienza medica confonde gli elementi per profitto o per ignoranza; molti sintomi dolorosi sono la naturale reazione del tuo corpo alle vibrazioni da cui è investito e contrastarli non serve, perché il dolore che provi sta a significare che stai già guarendo senza il bisogno delle medicine. Adesso corpo e mente sono talmente assuefatti dalle medicine che è davvero difficile riuscire a farne a meno, bisogna eliminarle gradualmente come si fa per ogni disintossicazione. La vera "cura" va fatta dove nasce la sofferenza: comprendere dall'interno come nascono e come devono essere liberate le energie che provocano gli stati di malessere.

Il dolore è vano se non è elevato al punto di renderlo sacro: sacrificio è donarsi completamente all'amore incondizionato.

3)   *L'Amore sconosciuto*

Ora, ti svelerò un piccolo grande segreto, ma fai attenzione, perché quello che stai per leggere può essere usato soltanto dalle persone più evolute e consapevoli: se non sarai assolutamente puro nei tuoi intenti, ti si rivolterà contro!

Questa non è semplice teoria, nell'istante stesso in cui riuscirai a focalizzarti su determinate vibrazioni starai agendo direttamente verso l'intera creazione e viceversa.

Se credi che questo sia un gioco o se non te la senti, ti consiglio di non provare in nessun modo ad applicare questo che all'inizio sembra solo un esercizio pratico, ma che cela un potenziale davvero inimmaginabile. Puoi leggere queste parole serenamente, solo per curiosità, e scegliere di passare oltre, ma non giocare mai con ciò che non   comprendi.

Conosci la famosa legge dell'attrazione? Il principio di questa regola è abbastanza simile a essa, ma tu non preoccuparti della teoria, quello che conta è la purezza del tuo intento!

Immagina di richiamare a te la soluzione per tutti coloro che vivono nel *qui e ora* ma non riescono o non vogliono seguire i Quattro Principi dell'Esistenza: non pensare al modo in cui potresti riuscirci, sii semplicemente conscio che le energie possano scorrere liberamente attraverso di te e che potranno modificare alcuni aspetti della Creazione, a seconda di quanto Amore Incondizionato saprai donare. Concentrati, senza provare alcun intento di odio o di vendetta, e invia la massima forma d'amore alle persone che compiono atti di soprusi verso l'evoluzione dell'uomo e devono fermarsi e riflettere a livello spirituale. Non giudicare mai chi violenta donne e bambini, i potenti che opprimono i popoli o chi terrorizza i deboli e gli indifesi, i responsabili che deforestano e inquinano madre terra, chi maltratta e uccide senza pietà gli animali e ogni persona che commette azioni negative. Adesso stai per aiutarli a cambiare mentalità, stai per favorire eventi che potrebbero fermare e trasformare le loro azioni malvagie.

All'inizio, immagina che il "Male" sia rappresentato dalle persone che ami di più al mondo, fingi mentalmente che siano loro a compiere atti crudeli; si tratta di un piccolo trucco per aiutarti a infondere il tuo amore puro a chi ne ha bisogno. Non focalizzarti su una persona o un evento particolare, cerca di accostarti alla situazione come se ti trovassi dall'altra parte dell'universo, totalmente distaccato da emozioni e sentimenti personali. Se vuoi davvero liberare il mondo dagli orrori, non puoi permetterti di nutrire rabbia, odio o vendetta: non sei un giustiziere che manda in guerra i suoi soldati, ora sei Luce di Puro Amore Incondizionato.

Dopo questa preparazione mentale, puoi sintonizzarti con vibrazioni estremamente profonde, fondendo in loro tutti i tuoi corpi, comprese le malattie che ne fanno parte. Immagina che siano tutti lì accanto e dentro di te, come riuniti in un'assemblea dove tutti i membri, insieme, trasmettono autentico Amore Assoluto a chi non riesce ad ascoltare il proprio cuore. In questo momento, sai che tutta la creazione è unita in te. Un solo, grande spirito.

Mentre sei in completa sintonia, devi essere un coraggiosissimo e autentico Gladiatore di Luce: in questo preciso istante stai donando te stesso all'eternità per liberare il mondo dagli orrori, non stai giocando! Sii consapevole di essere Tu la Coscienza Universale, mentre dirige la sua azione dove c'è sangue innocente da purificare e bellezza da rigenerare nelle vite spezzate. Hai un solo modo per creare l'immensa energia pura, necessaria a fare tutto questo: attirare a te tutte le forze dell'universo, senza paura, e farle scorrere a una velocità e una potenza inimmaginabili nella Creazione, attraverso l'azione congiunta di tutti i tuoi corpi. Puoi facilmente comprendere che tu sarai il primo a essere investito da questa potenza infinita, quindi, finché non ti sentirai assolutamente puro e consapevole, non provarci nemmeno per scherzo! Non preoccuparti, appena sarai pronto, sarai il primo a saperlo. Per ora tieni questa informazione in memoria, perché essa ti servirà ogni volta che ti sentirai impotente davanti al "Male", per ricordarti che, se e quando lo vorrai, potrai essere Tu il canale attraverso cui scorre l'energia più potente dell'universo.

Ovviamente, adesso che non sei davvero consapevole della forza che custodisci, tutto questo può sembrarti una questione di auto convincimento, se non addirittura un rito ridicolo. È del tutto comprensibile, non puoi giungere a una consapevolezza così alta volandoci direttamente sulla cima, dovrai cominciare la tua scalata dagli ostacoli minori, come ad esempio la comprensione delle malattie più piccole e frequenti, quali ansie, depressioni ed emicranie. Comincerai allora a vivere meglio perché ti sarai liberato da questi piccoli grandi ostacoli e, passo dopo passo, potrai comprendere di cosa stiamo parlando. Per adesso "accontentati" di verificare che tutto ciò che "dici" alla creazione lo fai anche, e soprattutto, nel tuo corpo fisico e lui reagirà di conseguenza: sarai così il primo a sapere se l'universo ne beneficia o no.

4) I Vampiri Energetici, Le Personalità Multiple e L'Effetto Gas

Il Male dal quale la mente vuole fuggire è solo un'illusione creata da lei stessa, così com'è un'illusione il Bene che la mente ricerca con i parametri dell'ego.

Infatti, chi potrebbe credere che nel qui e ora il Male, in verità, è più utile del Bene?

E chi potrebbe credere che il Bene, in verità, serve il Male?

È l'adattamento allo stress che produce ansia e una sensazione di malessere sempre più forte. Per porvi rimedio, la mente ha usato i pensieri positivi, che producono una sensazione di benessere e di forza interiore che sembra vera, ma che invece lascia la persona indifferente ai problemi del mondo reale e si ritrova sola e indifesa nella sua rassegnazione a una vita fittizia.

Questo paradosso è favorito e alimentato da fenomeni che vivono anche in altre dimensioni di coscienza, ma che riescono a interagire con te attraverso la Psiche. Questi *Agenti* sono innumerevoli e vivono in altrettanto innumerevoli dimensioni; per fortuna o purtroppo esistono davvero, sono potenzialmente pericolosissimi e sono anche loro forme di vita che, per quanto possa sembrare strano, vanno comprese e amate incondizionatamente. Ovviamente, l'Amore Incondizionato non può essere rappresentato da un idiota che si dona gettandosi in pasto ai leoni, perché i Quattro Principi dell'Esistenza devono essere seguiti reciprocamente!

Non approfondiremo l'argomento in questo manuale, perché adesso è importante che la tua attenzione sia diretta altrove e perché i fenomeni di cui ti parlo si nutrono di tutte le energie che doni loro anche inconsapevolmente, e la focalizzazione è un'energia davvero immensa. È però giusto che tu conosca delle realtà che, se ignorate, potrebbero procurarti gravi danni, dato che una delle loro armi migliori è l'invisibilità e sono aiutate dal fatto che molti non credono alla loro esistenza.

Prenderemo tre classici esempi di *Agenti* che interagiscono con te nei livelli invisibili, come quelli della Psiche, e vedremo come ti puoi rapportare con essi: i Vampiri Energetici, le Personalità Multiple e l'Effetto Gas. Una volta che li hai riconosciuti, non devi mai considerare nessun Agente come individualità e nemmeno come una specie nemica: essi possono apparirti come individui e come nemici, ma è esattamente ciò che rende loro più forti di te. Semplicemente, nel *qui e ora* sono parte della realtà invisibile ai tuoi cinque sensi, ma che in qualche modo contribuisce a formare tutto ciò che percepisci, tieni presente che questo principio non vale solo per questi tre esempi ma anche per le altre infinite realtà in cui potresti imbatterti prima o poi. Riassumendo, sarebbe più semplice evitare questi Agenti ma è quasi impossibile non farli "entrare": il "Gioco" sta nel riconoscerli al più presto e farli uscire "gentilmente", così, senza rancore.

I **Vampiri Energetici** sono rappresentazioni di situazioni in cui, durante un'interazione fisica o psichica tra due o più individui, si verifica inevitabilmente uno scambio di informazioni e di energie. Considera che le interazioni possono avvenire anche inconsapevolmente o a livelli inconsci. Ogni forma di vita agisce e cerca di "nutrirsi" di ciò di cui sente il bisogno in quel determinato momento del proprio percorso, spesso tentando di carpirlo agli altri per via del suo livello di egoismo, che, inconsapevole o meno, è ancora troppo elevato. Di conseguenza, le stesse energie e informazioni oggetto dello scambio vengono

178

percepite come negative o positive dal ricevente, secondo il proprio stadio evolutivo. Ovviamente, gli scambi possono avere un'intensità molto varia, dalla peggiore violenza fisica alla più sottile e lieve forma psichica. Quindi il "campo di battaglia" dipende anche dagli eventi che appaiono casuali, ma che in verità derivano sempre dal livello evolutivo raggiunto. Gli "antagonisti" durante le interazioni lasciano e prendono innumerevoli informazioni in altrettanti livelli di coscienza, perciò siamo tutti dei potenziali *Agenti*! Siamo Vampiri Energetici ogni volta che non agiamo con altruismo, a volte basta anche quel "pizzico" di egoismo che a noi sembra poco, ma che un altro potrebbe percepire come devastante.

Anche le **Personalità Multiple**, da non confondere con quelle delle patologie psichiche, possono darti dei problemi. Le personalità sono parti della psiche che agisce attraverso il cervello, sono perennemente in "competizione" tra loro per formare il tuo carattere e prendere le tue decisioni, lo scopo è assumere il controllo del tuo corpo fisico. Devi prestare molta attenzione perché sono influenzate più direttamente dalle entità che vagano nell'Etere, quelle che comunemente si chiamano spiriti.

Essi vivono nei piani invisibili e potrebbero "attaccarti", se tu li provocassi o gli dessi modo di influenzarti.

Ti sei mai chiesto il motivo per cui quella volta hai cambiato idea all'ultimo istante? Spesso ragioniamo in modo logico e sensato, poi, quando arriva il momento di prendere una decisione, rimandiamo la questione o, se non ci riusciamo, agiamo diversamente da quello che ci eravamo proposti. Potremmo riassumere il tutto in una lotta tra cuore e mente, ma potrebbe essere così semplice? Tu sei un insieme di atomi, di cellule e così via, inoltre non sei solo degli insiemi di materia, ma anche degli insiemi di energie che agiscono nel campo della psiche; perciò dentro di te hai anche tantissime personalità, che si riassumono nell'unica che credi di avere, quindi è naturale che a volte emerga una sfumatura diversa di te. In fondo, se ci pensi bene, tu non sei più quello di un secondo fa, sei come acqua che scorre perennemente nel corso della vita.

Infine una nota a parte merita **l'Effetto Gas**, perché è il problema che ti riguarda più direttamente. Effetto Gas è il nome che è stato dato a una malattia collegata all'adattamento allo stress. Malattia che è anche una delle maggiori responsabili del decadimento spirituale della specie umana. L'essere umano è prigioniero del suo stesso egoismo, che deriva da schemi mentali sbagliati; nei tempi odierni esiste un mondo tecnologico che ha accontentato e addomesticato l'ego dell'uomo: non ci sarebbe nulla di sbagliato, se non fosse che sono davvero in pochi a godersi la vita. Ogni giorno vediamo gente oppressa dai governi e *convinta* a lavorare tantissimo per pagarsi vizi, tasse e bollette, trascurando famiglia e amici, vediamo gente senza un lavoro o gente sfruttata, facciamo finta di non vedere le violenze a donne e bambini, le guerre, i massacri, gli orrori, senza contare che accettiamo che le altre forme di vita animali, vegetali e minerali siano sfruttate dall'Uomo come se fossero oggetti di sua proprietà.

L'esistenza spesso sembra un paradosso, l'essere umano è sopravvissuto e si è evoluto fin qui proprio grazie alla sua grandissima capacità di adattamento, ora quella stessa capacità gli si sta rivoltando contro! Molti si sono allora adattati alle abitudini e alle regole imposte da chi ha saputo trarre profitto dall'innata fragilità e ingenuità dell'uomo, col tempo abbiamo perfino trovato la finta felicità nel pensiero positivo, che quando è fine a se stesso è una vera e propria droga. Gli uomini si sono dati speranza manipolando religioni, credenze e sette, che hanno gettato in pasto a coloro che non avevano voglia di cercare la Verità nel cuore: eccoli ad aspettare gli alieni con le loro astronavi. Ancora oggi si griderebbe al miracolo se qualcuno fosse in grado di compiere guarigioni apparentemente impossibili: molti ancora non considerano che possedere una conoscenza superiore non equivale automaticamente a essere un dio onnipotente, oltre che buono e giusto.

Certo, sarebbe più semplice se il mondo avesse la tua forma, se non esistessero l'Effetto Gas o i Vampiri

Energetici. Chissà! Ragionare con i se e con i ma è inutile, e piangerci addosso non serve.

Sei arrivato fino a qui, e ora insieme possiamo continuare il nostro Percorso, per il tempo che ci sarà donato, per il tempo che vorrai.

Hai davvero una forza incredibile dentro di te, devi solo riconoscerla per poterla usare. E allora, trovala!

5) *Prima devi rinforzarti e dopo puoi migliorarti*

Siamo arrivati a una fase in cui devi ascoltare il tuo cuore più che in ogni altro momento, perché sei a un crocevia estremamente importante per la buona riuscita dell'intero tuo percorso. Il rischio è che, se adesso non metterai abbastanza volontà nel comprenderne i meccanismi, cambierai strada e finirai per abbandonare questa mentalità vincente per cercare altre soluzioni, che con tutta probabilità saranno solo palliative.

Dal momento che tu stai vivendo in questa realtà, l'unica cosa che conta è quello che tu percepisci, quindi l'unico modo per convincerti che una cosa è vera non è utilizzando le parole, ma spronandoti a sperimentarla su te stesso.

Il primo passo che devi compiere non è volto a migliorarti: questo è un errore grossolano che facciamo tutti all'inizio. Ogni strategia vincente deve innanzitutto rafforzarti e, soltanto dopo che avrai imparato a difenderti, ti farà diventare invulnerabile agli inevitabili attacchi che dovrai subire.

La vita è confronto, è una danza di vibrazioni che s'intrecciano all'infinito e in modi sempre diversi. Nelle vibrazioni più basse, come quelle della dimensione fisica, questa danza è percepita come una lotta e la parte meno consapevole all'interno di quel determinato confronto si sente attaccata da un nemico invisibile e sconosciuto. Questi attacchi sono dunque compiuti inconsapevolmente da tutte le energie, ma è chi li subisce che li fa apparire imprevedibili e devastanti, soprattutto quando arrivano in un momento in cui non si è pronti a capire cosa sta

185

succedendo. Il corpo e la mente attivano allora i loro sistemi difensivi automatici, che però hanno degli effetti collaterali terribili.

Se tu diventassi l'essere più potente dell'universo, quali attacchi dovresti temere?

Come ti ho dimostrato, potenzialmente tu sei l'essere più potente dell'universo, anche se non lo sai e credi che essere il più potente significhi poter fare tutto quello che vuoi, ma, per fortuna, nelle dimensioni più profonde non funziona così.

Il terreno naturale dove affondano le radici forti è composto dai Quattro Principi dell'Esistenza: Rispetto, Comprensione, Empatia e Compassione. Soltanto su questi principi puoi costruire il tuo essere unico e speciale, altrimenti cadrai nel nulla, come hanno già fatto i tanti che non hanno seguito l'Amore Incondizionato.

Come puoi difenderti e rinforzarti nel qui e ora? Hai bisogno di una mente aperta che può mettere il tuo spirito in condizione di creare liberamente, ma hai anche bisogno che il tuo corpo fisico sia in forma. Per vivere in questo stato ideale devi attuare una serie di cambiamenti che forse adesso ti sembrano difficili, ma tu continua a credere in te stesso e i tuoi corpi cambieranno in modo naturale e senza sacrifici. Comincia a smettere di soffrire inutilmente, ovvero sbarazzati di quelle "piccole malattie", come le ansie, le emicranie e le depressioni; come abbiamo visto prima, sono loro i piccoli ostacoli che poi si ingigantiscono e diventano insormontabili e sei tu a nutrirli nel tempo con la tua inconsapevolezza. All'inizio, un mal di testa è facilmente sopportabile, ma quando la sua forza aumenta, tu cominci a percepirlo più intensamente e i tuoi sistemi di difesa fisici e mentali si indeboliscono: **per questo è necessario che pensi prima a come difenderti e rinforzarti.** Si tratta solo di un esempio, ma evidenzia uno schema valido anche per tutte le altre malattie, che partono da una dimensione *micro* - invisibile a una mente distratta e ingannata - e poi crescono più o meno velocemente, a seconda di quanto le trascuriamo, finché non diventano insostenibili.

Quasi tutti i problemi sono generati dalla mente, quindi devi entrare nel tuo corpo mentale per capire che cosa sta succedendo; lì è l'origine delle abitudini sbagliate, come la cattiva alimentazione.

Quando è comparso sulla Terra, l'essere umano probabilmente si nutriva esclusivamente di frutta, poi gli eventi l'hanno costretto ad abbandonare il suo ambiente iniziale e a cercare nuove forme di nutrimento per la sua sopravvivenza; così, l'Uomo ha cominciato a nutrirsi di vegetali e successivamente di animali. Senza l'uso del fuoco, non avrebbe mai potuto mangiare la carne cruda degli animali appena uccisi, perciò l'Uomo ha dovuto escogitare metodi sempre più complessi per potersi nutrire in modo diverso da quanto prescritto dalla sua natura. In questo modo, la mente umana ha tramandato per millenni una tradizione di piacevolezza del gusto, che è essenzialmente generata da un errore; mangiando animali e vegetali il corpo umano ha favorito lo sviluppo della mente egoistica, pregiudicando l'evoluzione del proprio spirito.

Attraverso il DNA, tu sei l'erede diretto nonché il risultato di millenni di trasformazioni e tentativi di miglioramento, per questo adesso tocca a te fare un tentativo per rendere migliore l'evoluzione dell'intera umanità facendo un passo indietro verso le tue – le nostre – origini, per riparare agli errori commessi per necessità in passato, che ci hanno dirottato dalla strada verso l'Amore Assoluto. Ti sarà naturale comprendere quante abitudini sbagliate hai incontrato e assimilato deviando da un percorso che è durato millenni: alimentazione e respirazione scorretta, mancanza di comunicazione e di interazione con i tuoi corpi, trascuratezza dei cali di energia e dello stress psicofisico.

TU SEI ENERGIA!

1) "Lasciate che i vostri occhi possano vedere ciò che il vostro cuore sa da tempo"

Siamo infine giunti alla terza e ultima parte di questo secondo manuale. Questi volumi sono stati concepiti per essere brevi e semplici, affinché tu possa focalizzarti meglio sui punti strategici del percorso.

Tra il primo e il secondo manuale hai già trovato diverse spiegazioni su come le forze invisibili governano la Creazione; attraverso questi testi hai la possibilità concreta di interagire consapevolmente con l'energia che scorre incessantemente, come i pensieri stessi che la creano.

Adesso è importante che tu comprenda lo scopo principale degli esercizi e degli studi teorici che hai letto finora e di quelli che troverai negli altri manuali della collana: trovare **il tuo essere vero**, ovvero la tua Essenza più pura, in modo naturale. Nessuno può indicarti dove cercarlo, ma è possibile fornirti dei suggerimenti sul metodo per trovarlo; cercheremo insieme quello che meglio si adatta alla tua individualità, ma tu devi permettere alla Verità di raggiungerti, perché le percezioni pure non arrivano casualmente, senza che tu non sia pronto a riconoscerle.

Il gioco delle rappresentazioni è molto più efficace allo scopo di quello che sembra, perché ti collega a realtà che, senza l'intuizione profonda che adesso ignori di avere, non potresti conoscere.

Uno stato di depressione o ansia è la rappresentazione di qualcosa che non va e solo poi si trasforma in malessere che vive in te fino a trasformarsi in una malattia che, se non viene colta in tempo, può diventare grave. Quando visualizzi mentalmente un vampiro di energia che vive nel tuo corpo e si nutre del tuo benessere, il fatto che il vampiro sia reale non ha alcuna importanza, perché il tuo corpo reagirà come se tutto fosse vero. Nel momento in cui scaccerai da te ogni male, i tuoi atomi provvederanno a liberarsi delle energie negative di cui fino a quel momento erano inconsapevoli, ma che provocavano alla tua coscienza uno stato di malessere.

Se riuscirai ad applicarti con costanza al metodo, gli esercizi diventeranno un'abitudine talmente radicata in te che li eseguirai con la stessa facilità con cui respiri.

Vivrai per la prima volta in equilibrio e armonia con tutti i tuoi corpi e svilupperai attraverso le tue personali intuizioni nuovi metodi di ricerca, che saranno soltanto tuoi. Avrai così la possibilità di vivere e sperimentare la Libertà nella sua forma più alta, non cercherai mai più risposte in chi è cieco come te e non imiterai chi pensi sia migliore di te; ti renderai conto immediatamente della nuova naturalezza con cui affronterai la vita terrena e le sue incognite, niente e nessuno sarà più in grado di precipitarti nel baratro di un'altra illusione.

Ecco lo scopo reale: renderti incorruttibile e invincibile di fronte ai soprusi, perché vivrai nella purezza dell'Amore Incondizionato.

Gli esercizi sono pensati per essere un allenamento ad affrontare i peggiori nemici modificando i tuoi vecchi sistemi mentali, sostituendoli con la consapevolezza di chi sei realmente. Impara con tutto il tuo cuore, mettici tutta la tua volontà e tutta la tua speranza, perché tanti eroi si sono sacrificati per te, per me, per tutti noi, che abbiamo ora il dovere di continuare il cammino intrapreso da coloro che ci hanno preceduto.

Tralasciando coloro che sono legati a religioni e credenze, come ad esempio Gesù, sono esistite sulla Terra molte persone grandissime che hanno acceso una luce eterna in noi e per noi, tu puoi rendere questa luce ancora più intensa facendo tuo il loro esempio.

Quante azioni e cambiamenti incredibili si possono fare quando si vive nell'entusiasmo, cioè insieme al Divino!

Ti riporto l'esempio di tre personalità che hanno portato in noi un autentico raggio di Luce, ma molti altri si sono sacrificati e hanno dato tutto quello che avevano, solo per Amore. Grazie a tutti loro noi siamo arrivati fin qui, con la possibilità di comprendere i valori autentici dell'esistenza.

- *Gustavo Rol, l'esempio dell'intelligenza dello Spirito*

Un unico popolo per un unico mondo

Mai più confini e disuguaglianze, basta sfruttamenti, ma cooperare insieme per migliorare la vita di tutti e ricercare la libertà e la felicità.

-   Sant'Agostino,   l'esempio   della redenzione

Non in mezzo a gozzoviglie e ubriachezze
Non fra impurità e licenze
Non in contese e gelosie
Rivestitevi invece della Luce di Cristo
E non seguite la carne nei suoi desideri

\- *Giordano Bruno, l'esempio dell'arte e la memoria*

Nella speranza che possano toccare il tasto che illumina il tuo cuore, ti riporto questi intensissimi versi scritti da Filippo, uno dei miei amici più cari e profondi.

Vola, piccolo gabbiano,
vola
sin dove si fondono cielo e mare
e vento e onde cantano e piangono l'accordo della nostalgia,
vola nella mesta quiete
dove il mare giace silente,
sino a quando di te la volontà e la speme
sconfiggeranno lo spazio infinto.
Vola piccolo gabbiano,
da colei che più di tutte ho amato.
Leggero come un uccello è l'animo mio se presto saremo uniti.

2)   *Il mio amico Filippo*

Filippo, passato alla storia con il nome di Giordano Bruno, è stato un uomo che ha compreso più di altri i meccanismi del cervello umano, improntati sulla memoria che connette il Tutto al corpo e all'anima attraverso la mente. Tutta la conoscenza è scritta in ogni essere, dal micro al macro; come recita la famosa frase, *Tutto è in tutti e tutti sono in tutto.*

Come puoi riconoscere e ritrovare questa eterna e immensa conoscenza?

All'inizio è necessario un grande lavoro di "pulizia" dai preconcetti, i pregiudizi, le credenze e tutto ciò che limita il tuo spirito creativo. La mente è molto potente, a livello inconscio è in grado di creare realtà che sfuggono al tuo cervello, perché consciamente puoi concentrarti solo su una cosa per volta e solo nella dimensione di forma, spazio e tempo in cui ti trovi. Per cercare nuove soluzioni, hai bisogno di nuovi metodi, di rivolgere la tua attenzione alla totalità della Creazione per poter cogliere le energie nella loro interezza e comprendere come esse siano generatrici di eventi. Elaborare informazioni troppo numerose e complesse ti è impossibile, ma puoi semplificare il micro e il macro tramite rappresentazioni metafisiche, così che la capacità attuale del tuo cervello abbia lo spazio tempo necessario per capire dei meccanismi altrimenti incomprensibili. Come per magia, il tuo cervello potrà finalmente riassumere attraverso i cinque sensi ciò che va oltre lo spazio e il tempo!

Immagina, come hai imparato bene negli esercizi precedenti, che il tuo corpo sia una rappresentazione dell'universo: ogni organo, ogni cellula e ogni atomo hanno le stesse funzioni dei pianeti, delle stelle e delle galassie.

Per rappresentare il Tutto, non puoi usare immagini troppo complesse, perché la tua mente e il tuo spirito sono limitati dalle basse vibrazioni e capacità del tuo corpo fisico, per questo è stato ideato un sistema incredibilmente ingegnoso, quello dei **sigilli** e dei **simboli**.

Essi sono strettamente connessi alla **numerologia**, che è la base delle leggi principali della vita, come l'equilibrio, l'armonia e la risonanza, ma anche le vibrazioni, le attrazioni, le repulsioni e tutto quello che è collegabile allo schema dell'essenza vitale. Non per niente, l'universo è matematica allo stato puro, tanto che è stato detto che la matematica unita all'immaginazione diventa scienza.

Attraverso i simboli e i sigilli puoi inconsciamente trasmettere ai tuoi corpi e alla tua mente la conoscenza che è da sempre scritta nel tuo cuore.

Ovviamente non si tratta di un obiettivo facile, altrimenti sarebbe stato raggiunto da tutti e il mondo sarebbe già il paradiso che potrebbe e dovrebbe essere; approcciati all'immenso potere dei sigilli con tutta la tua volontà e il tuo istinto e la conoscenza ti arriverà strada facendo.

Non confondere mai questi strumenti con la magia intesa come mezzo di potere: la vera e pura magia esiste davvero e deriva dalla tua immaginazione che genera idee applicabili alla realtà, se rispettano parametri che per il momento ci sono sconosciuti.

Nel mio percorso, ho trovato informazioni molto interessanti e importanti leggendo il pensiero di Michele Proclamato, sul cui sito Internet (http://www.micheleproclamato.it) potrai approfondire il tema dei sigilli, dei simboli e della numerologia. Ti lascio il testo di presentazione del sito.

Per chi leggerà

Mi sento costretto a dare alcune "spiegazioni" a coloro che avranno la voglia di dedicare del tempo ai miei studi.

Il tema su cui si basa tutto il mio lavoro è essenzialmente questo: da sempre, senza sapere come, l'uomo ha utilizzato in tutti i suoi campi creativi e conoscitivi, un tipo di " scienza", termine mai come in questo caso riduttivo, derivata dalla profonda conoscenza vibrazionale della realtà. Grazie a tale "Scienza", che in qualche modo si avvicina alle nostre conoscenze quantistiche, era possibile maturare una percezione Cosmica ed Universale dove il Divino rivelava la sua presenza attraverso una totale immanenza in tutti gli aspetti del Creato. Tutto, un tempo, nell'opera umana, era costruito, strutturato, suddiviso affinché il rapporto vibrazionale che legava l'Universo a Dio, venisse rispettato, tutto doveva essere allineato e risuonare attraverso una Scienza Sonica dai connotati galattici, tutto doveva essere parte integrante del sapere dell'OTTAVA. L'uomo, in un momento imprecisato della sua più che millenaria storia, sapeva che tutto era vibrazione e che questa vibrazione era Dio, il quale aveva dato "sfoggio" della sua capacità creativa attraverso un'unica legge da me riscoperta: la LEGGE delle TRE OTTAVE.

Se vogliamo, questo è il sunto dei miei studi. Vorrei comunque spiegare i passaggi conoscitivi che mi hanno spinto a tale asserzione. Pochi anni fa codificai il Rosone Centrale di Collemaggio all'Aquila, rendendomi conto che, a livello numerico, esso riassumeva la Precessione degli Equinozi, precessione, che attraverso la Cimatica, mi fu chiaro essere un fenomeno vibrazionale e non gravitazionale; da quel momento tutta la mia attenzione fu diretta a ritrovare i riferimenti numerici della stessa, in tutte le Civiltà terrestri, cosa che avvenne con una certa facilità. Capii quindi che la Precessione era la dimostrazione assiale di una "presenza" sonica alla quale niente e nessuno poteva sfuggire, neanche un pianeta. Non solo, tale "Ingerenza" divina si manifestava attraverso un sistema numerico semplicissimo, tipicamente musicale, in cui era possibile notare una suddivisione "sonora" tipica delle Ottave.

Grazie allo Zodiaco di Dendera, capii che tale suddivisione era una vera e propria LEGGE UNIVERSALE la cui applicazione era la base della "Scienza Impossibile", che spesso si era affacciata nella storia umana; per me era sempre più chiaro che mi stavo occupando della "Scienza degli Dei".

Iniziò quindi una ricerca forsennata per capire i campi di applicazione umana di tale scienza, mi resi quindi conto, che lo spettro applicativo delle TRE OTTAVE, abbracciava qualsiasi tipo di sapere per un motivo semplicissimo: gli DEI erano riusciti a decifrare e codificare il respiro sonico di Dio, Essi erano riusciti a creare una scienza spirituale che aveva eliminato, in un sol colpo, la dicotomia terrestre sviluppo-distruzione e, chissà per quale motivo, avevano concesso tale sapere alla razza umana. A questo punto sono apparsi, nei miei studi, i Cerchi nel Grano che mi hanno dato la possibilità di applicare tutto ciò che avevo fino ad allora scoperto e studiato. Gli "Dei", con i Cerchi, erano tornati in un momento della storia umana molto delicato, quando la Terra aveva forse più bisogno di Loro, che non dell'Uomo.

Ora, mentre per me è sempre più chiaro che esiste un vero e proprio "Campo Universale" in cui sono confluite le TRE OTTAVE e le loro magnifiche ed infinite applicazioni, mi rendo conto che le leggi fisiche studiate dalla "nostra" scienza, sembrano, al suo cospetto, dei regolamenti condominiali. Ora riesco ad immaginare che non solo nell'Universo esistono altre intelligenze, ma che molte di loro dividono il sapere dell'OTTAVA, il cui livello interpretativo varia a seconda del livello vibrazionale sviluppato. Penso, quindi, ci si debba rendere conto che poco o nulla è stato raggiunto dall'umanità proprio a tale livello, essa infatti continua a dividere e a dividersi, di fronte a tutto, senza rendersi conto della nostra appartenenza cosmica, scevra di divisioni.

Mi rivolgo, quindi, a chi leggerà, con un'unica raccomandazione: "lasciate che i vostri occhi possano vedere ciò che il vostro cuore sa da tempo".

Ed ecco che cosa Michele Proclamato ha da dire su Giordano Bruno

L'UOMO di DIO

Ho smesso di scrivere di LUI una notte dell'Agosto del 2010 e non sono più riuscito ad aggiungere nient'altro al già scritto, già pensato, già dedotto. Per un anno, infatti, non ho fatto altro che occuparmi di Giordano Bruno, tutti i giorni a qualsiasi ora e, nonostante sapessi di poter dire la mia solo su un aspetto del suo variegato ed incompreso sapere (i SIGILLI) ho continuato a rinviare il tutto, conscio di come la mia ultima parola su di Lui mai ultima sarebbe stata. Sono stato soggiogato, diretto, deriso e irriso dal suo sapere e ne sono uscito, fortunosamente, mantenendo in una mano una piccola perla fatta da un solo attimo conoscitivo, intenso, appagante, inatteso. Ora, come in questi mesi spesso mi sono riproposto, dovrei ripetere, meglio riassumere, ciò che ho appreso da un'esperienza che spesso mi ha visto pronto a ritrarmi, ad arrendermi poiché sentitamente violato e prostrato da una mente intransigente, genialmente costruitasi attraverso i più grandi personaggi del pensiero metafisico di tutti i tempi, indisponente, nonché rissosa ancora oggi, nonostante i maldestri tentavi "sulfurei" di porre fine alla

213

sua voce. Ma come Lui diceva, DIO aveva generosamente donato ali al suo pensare, al suo ricercare la luce divina, prima vera responsabile della Creazione. Quindi, che dire? Da dove cominciare in questo sterminato pianoro di affermazioni e massime che costituiscono solo una piccolissima parte del Suo sapere, visto lo spazio, in questo caso, così limitato? Vediamo un po', facciamo così: immaginate in un magnifico giorno di primavera inoltrata, di recarvi in un luogo bellissimo ed incontaminato dove un piccolo e splendido lago dalle acque cristalline porrà le sue sponde profumate a vostra completa disposizione, bisognosi come siete - si spera - di fare chiarezza nella vostra vita, di avere un momento tutto per voi, per rivedere e rivedervi nel vostro vivere quotidiano, mai disponibile realmente a concedervi quella libertà di cui il vostro animo è veramente bisognoso. E mentre contemplate e vi contemplate, improvvisamente sentite di essere osservati da un Essere, non un uomo, dalle sicure sembianze umane. Prima intimoriti dal suo sguardo e poi sempre più incuriositi, lentamente, senza accorgervene vi avvicinate a LUI come se la sua personalità fosse fatta dalla stessa forza attrattiva che governa i rapporti gravitazionali fra corpi celesti.

Stupiti di voi stessi e della vostra inaspettata scelta, ancor di più vi sconvolgete nel sentirvi dire e rivolgere ad un presunto e perfetto sconosciuto la seguente domanda: "COME PUO' DIO CREARE TUTTO CIO'? " A quel punto, ormai impossibilitati a ritirare la domanda, indirizzate nuovamente a quell'angolo di natura perfetta il vostro sguardo e aperta la vostra mente, consci di assistere ad uno spettacolo unico, ponete il vostro cuore e tutta la vostra attenzione alle parole che sicuramente quello sconosciuto vi dedicherà.

Ed infatti.... "Fratello, sappi che il mondo che tu vedi è triplice, è fatto di idee, vestigia delle idee e ombre delle idee"

"In che senso?"

"Credi forse di osservare solo materia? Tutto ciò che vedi è il frutto di pensieri perfetti destinati a diventare qualsiasi forma in natura e immagini della stessa nella tua mente"

"E di chi sono queste...... idee?"

"Di DIO"

"Quindi tutto è DIO?"

"Esatto"

"Ma allora è ovunque?"

"Sì"

"In che modo, in che percentuale?"

"La tua è una domanda tipica dei tuoi tempi, ma ti basti sapere che DIO si trova in ogni cosa nelle percentuali che le spettano"

"Anche nelle pietre?"

"Nelle pietre, nelle piante, negli animali, nei pianeti, nelle stelle, negli Dei, nella giusta proporzione"

"Negli Dei? Scusami, ma gli Dei mi sembrano un concetto un po' sorpassato"

"Davvero? Allora dimmi, se DIO dovesse, come dire, dividersi, quale sarebbe il primo grado di suddivisione del suo creare?"

"Mi stai dicendo che esistono entità identificabili con gli Dei?"

"Ti sto dicendo che anche tu, come tutti, mai potrai veramente spiegare tutti gli eventi della tua vita, se non accetterai in essa, la presenza di qualcosa di più "alto" e operante"

"Non è possibile"

"Davvero? Allora dimmi, sei innamorato?"

"Sì"

"E come è nato tutto?"

"Per puro caso, assolutamente per puro caso, ed oggi vivo con una persona meravigliosa con la quale ho scoperto di avere moltissimo in comune"

"Bene, a distanza di tempo, puoi dire che tutto ciò sia potuto nascere per caso?"

"In effetti le coincidenze che hanno fatto si che ci incontrassimo, sono state davvero stupefacenti"

"E se ti dicessi che quelle coincidenze si potrebbero accreditare alla volontà di un'Entità chiamata, come tu ben sai, CUPIDO, il tutto avrebbe più senso?"

"Forse si, in effetti considerando ciò che poi è successo, sembrerebbe che ....sì, per quanto incredibile,

"Allora, pur essendo un uomo moderno, se posso, ti suggerirei di pensare che il destino umano è deciso dalle sue scelte...... solo a metà"

"Ma se accetto tutto ciò, dovrò pensare che persino i corpi celesti hanno un'anima"

"Noi li chiamavamo: animali, cioè dotati di anima"

217

"Quindi tutto è vivo?"

"Tutto è vivo e consegna le sue caratteristiche all'uomo"

"E come può avvenire tutto ciò?"

"Semplicemente perché ogni cosa è specchio di un'altra, essendo tutte figlie della stessa matrice, quindi ricorda: chi non intende uno, non intende nulla"

" Ma cosa trasmette tutto ciò?"

"Colei che conserva ogni sapere ...la LUCE".

A questo punto, probabilmente, osservereste quell'Essere con occhi perlomeno curiosi e vi ritrarreste forse spaventati da tanta sicurezza nel descrivere un mondo così diverso da quello percepito e, spontanea nella vostra mente, comincerà a sorgere la speranza mai coltivata, che tutto ciò che vediamo non sia altro che il risultato finale di una "mente" capace di trasformarsi in ciò che pensa.

"Esatto"

"Come hai potuto sentire ciò che pensavo?"

"Non ha importanza, piuttosto, domandati di cosa è fatta questa mente"

"Mi stai chiedendo qual è l'energia che alimenta e crea i pensieri umani?"

"Diciamo di sì"

"Non saprei forse .... forse"

"Bravo, dai voce al tuo sentire, stai intuendo in modo esatto. Il pensiero è suono, è vibrazione. Di conseguenza, le idee di DIO che, se mi permetti definirei archetipi, non sono altro che suoni. Otto suoni ben precisi, destinati a diventare ciò che vedi e ciò che mai vedrai in quest'universo infinito"

"E solo otto suoni come possono diventare ....materia, spazio, tempo, luce?"

" Vedo che questo posto ti sta dando il giusto equilibrio per immaginare le giuste domande. Otto frequenze - che sarebbe meglio definire otto Entità - possono diventare il nostro mondo, trasformandosi prima in pura geometria. Per la precisione in 5 momenti geometrici ben definiti."

"E come la geometria può diventare forma? Come una figura geometrica può diventare un colibrì?"

"Bravissimo! Sei incalzante! Stai intraprendendo anche tu, la via del ritorno a DIO."

"Vuoi sapere come? Attraverso un'unica legge, l'unica legge aggregante esistente in tutto l'Universo, vera responsabile di tutte le vostre improbabili leggi fisiche"

"Dimmela"

"La legge Spiralica"

"Vuoi dire che gli archetipi divini acquisiscono miliardi di forme attraverso un sistema aggregante spiralico?"

"Voi oggi direste così"

"Allora di cosa sono fatte queste miliardi di cose, di cosa è fatta la materia?"

"Voi affermereste, oggi: dalla somma spiralica di miliardi di fotoni. Io direi, semplicemente, di LUCE"

"Quindi DIO vibra se stesso diventando LUCE, destinata ad essere materia?"

"Pressappoco"

A quel punto, osservate il paesaggio intorno a voi e capite che la differenza fra la luce che illumina quel panorama e ciò che lo costituisce, è minima e, spontaneamente, sentite nascere dentro di voi la constatazione che se tutto è pensiero, il vero luogo in cui si crea la realtà, è la vostra mente ed attratti da una soluzione finale, siete costretti a pensare che la differenza fra voi e DIO deve essere effettivamente minima, se si considera che anche e soprattutto l'uomo è mente e chiedete, come mi sono chiesto:

"Io sono come....... DIO?"

"Sei la cosa più simile a LUI conosciuta su questo pianeta"

"Perché? Ci sono altri esseri intelligenti come l'uomo?"

"Come l'uomo, più dell'uomo e meno dell'uomo, in tutto l'universo"

"Io non ne sarei tanto sicuro"

"Peccato, se tu vedessi il creato attraverso la legge della simmetricità, della similitudine e dell'analogia, come effettivamente è, forse non avresti titubanze, ma non tutti hanno abbastanza coraggio per essere ...uomini"

"Piuttosto spiegami come usa la sua mente DIO .... Maestro"

"La usa utilizzando dei meccanismi mentali tipicamente presenti in tutti gli esseri viventi, ma ultimamente bistrattati"

"Che cosa vuoi dire?"

"Osserva la creazione per avere la tua risposta. In quanti modi la natura esprime la vita?"

"In che senso?"

"Se la natura è DIO, e la natura crea, per esempio, un essere come il Pesce Volante, o l'Ornitorinco, o la

Megattera, oppure la Giraffa, non ti sembra che essa sia abbondantemente fornita di Immaginazione?"

"Ora, dimmi: forse nella natura così complessa non esiste un reale effettivo equilibrio che bilancia tutto?"

"Sì esiste"

"Allora pensa al fatto che DIO è sì fantasia, ma anche ordine, quindi, immaginazione e razionalità contemporaneamente"

"Ma sono caratteristiche mentali umane queste! Quindi esiste un progetto intelligente alla base dell'Universo?"

"Esiste un progetto numericamente intelligente da millenni conosciuto e da millenni codificato"

"Maestro, perdonami, stai forse affermando che esiste una codifica numerica della creazione?"

"Ma certo, e non solo, esiste un linguaggio simbolico dedotto dal progetto divino, utilizzato da sempre dai grandi iniziati, per creare ogni tipo di capolavoro"

"Mi stai dicendo che il pensiero divino è stato codificato simbolicamente e l'utilizzo di tali simboli permette all'uomo di creare ...qualsiasi cosa egli voglia in modo ...perfetto?"

"E così"

"*Allora, se osserviamo attentamente la Natura possiamo percorrere il tragitto divino al contrario, scoprendo in essa gli archetipi e quindi i SIGILLI alla base del creato?*"

"*Che giornata meravigliosa vero?*"

"*Maestro, rispondi alla mia domanda, ti prego. Sono forse l'immaginazione, la fantasia, l'intuito, la razionalità e i sensi, i mezzi attraverso i quali tornare a LUI?*"

"*Sì figlio mio, quelli sono i modi per ridestare la tua anima, ognuno di essi è un atto di Luce utile a risvegliare quella parte di luminosità divina dormiente in te, ma da sempre presente*"

"*Maestro, ma allora sulle rive di questo lago sto ricordando attraverso le tue parole, ciò che in me è già presente?*"

"*Ricorda: numero, arte, amore e magia. Questi dovranno essere sempre i tuoi Maestri, se a DIO vorrai ritornare, rimembrando*"

"*Aspetta Maestro, non andare via, se così è, se l'uomo può ricordare, allora mai muore veramente, in qualche modo vede il Creatore o i suoi archetipi*"

"Ora sai perché l'Arte della Memoria fu per me così importante"

"Un'ultima domanda, poi ti lascerò andar via"

"Dimmi "

"Perché DIO ha creato?"

"Per puro, semplice e meraviglioso Amore"

"Ora va e cerca fra gli esseri umani e vedrai che qualcuno più di altri potrà dirti perché non esistono tanti segreti nell'umanità, bensì un solo mistero, il quale, indagato con l'impegno meritato, forse vi permetterà di capire perché nulla divide il sapere delle antiche civiltà da quello che costruì le musicali cattedrali gotiche, che diede modo a tanti iniziati di creare capolavori inarrivabili e inesausto di riapparire nei Campi di Grano di tutto il mondo. Per opera di chi, da sempre, sa che il tempo è solo uno degli effetti del suono. Per opera di chi vi sorvola utilizzando un'energia fatta di puri intervalli musicali, matrice geometrica di un universo, fatto solo di frequenze dodecafoniche."

Detto questo, quell'Essere verso il quale sentite un amore ed un affetto infinito, in quel momento, sulla stretta e sabbiosa riva di quel lago reso perfetto dall'imperfezione

224

divina, con un semplice ramo portato a riva dall'opera lunare, inciderà indelebili, poche e perfette parole, le seguenti: saprete allora che, in quel mondo di pura immaginazione, avrete avuto, come me, la fortuna immensa di aver incontrato l'unico e il vero "DormitantiumAnimorumExcubitor" (Risvegliatore di Animi Dormienti)

Michele Proclamato

3)   *Come superare la stanchezza*

Una volta che avrai appreso le informazioni basilari su numerologia, simboli e sigilli, potrai cominciare a guardarli con occhi più consapevoli. Non sforzare la mente alla ricerca di significati, perché anche in questo campo ciò che conta è soprattutto la purezza delle tue intenzioni; contempla, invece, le immagini e i numeri e lasciati guidare dall'intuito. Viaggiando sempre più profondamente nei piani sottili, sarai in grado di affrontare uno degli ostacoli che s'incontrano più frequentemente nella vita, la stanchezza.

Quante volte hai avvertito una sensazione di stanchezza? Magari hai rinunciato a fare cose importanti, perché non eri in piena forma psicofisica, oppure avevi sonno. Ti svelerò un piccolo segreto: in verità, tu mangi, bevi, respiri e ti riposi molto, ma davvero molto più del necessario! In condizioni ottimali, il tuo corpo fisico potrebbe vivere per molti secoli! Lo so che sembrano informazioni stravaganti, ma tu prendile per vere, perché ti serviranno a superare con molta facilità le stanchezze derivate dalla mente.

Se ci fai caso, gli stati d'animo negativi che ti danno l'impressione di essere stanco sono molto più frequenti della reale esigenza fisica di riposare; per prima cosa, quindi, devi agire a livello mentale e il corpo fisico seguirà automaticamente la strada che hai scelto.

Come sempre, non considerare subito la vetta che devi raggiungere, fai un passo alla volta secondo la tua andatura e senza sottoporti a grandi sforzi.

Il tuo corpo e la tua mente non sono solo il risultato ottenuto dalla tua nascita a oggi, nel DNA e nei pensieri ci sono le esperienze di milioni, miliardi di anni, che si sono tramandate di generazione in generazione anche nelle più svariate e inimmaginabili forme di vita.

È altamente improbabile che tu riesca a modificare tutte le credenze limitanti a cui sei soggetto in pochi decenni, ma non è impossibile! Se anche non dovessi riuscire a liberarti durante questa vita terrena, giungerai all'appuntamento con la morte nella consapevolezza di chi sa cosa vuole. Per arrivare a tanto, devi darti da fare. Come ha scritto Giordano Bruno, devi unire la volontà alla speranza e sconfiggere lo spazio infinito. Gli stati d'animo che inducono alla stanchezza verranno sconfitti allo stesso modo.

Tutti sanno che meno si fa e meno si ha voglia di fare; ogni scusa è buona per essere accompagnati dalla pigrizia, dall'accidia e da ogni altro ostacolo che possiamo porre sulla nostra strada per fallire prima ancora di iniziare! Non è casuale che sia proprio questo tempo pieno di comodità che rischia di portarci alla rovina, ma la colpa non è mai degli strumenti, quanto di come si usano!

Per superare la stanchezza hai bisogno soltanto di cambiare il tuo paradigma, devi trovare il tuo obiettivo puro, che è nascosto in fondo al tuo cuore da un mare di pensieri inutili e superflui.

Immagina che il tuo cuore sia come un grande baule ricolmo: per recuperare quello che c'è in fondo devi svuotarlo! Liberati dai pensieri "costruiti" da una società che fonda il suo potere su inganni e paure, sii pronto ad affrontare le tue debolezze e a rimanere completamente solo. Non è cosa facile e tu ti chiederai spesso se ne vale la pena: scoprirai che è così solo strada facendo.

Non farti ingannare da parole che sembrano proclami: tu non sei un dio onnipotente, non hai dei superpoteri che appariranno magicamente alla tua morte, anzi, se non ti darai da fare rischi di scomparire del tutto quando morirai.

Per capire chi sei dovrai esplorare le infinite profondità della tua Essenza, dove vivrai un'esistenza di assoluta solitudine, senza nessuno che potrà aiutarti, confortarti o proteggerti.

Affronterai le tue paure e i tuoi inganni prima che loro possano coglierti nei momenti di fragilità o difficoltà, quando si starà formando la tua stella.

Quando proverai un'autentica compassione per le tue debolezze, sarai finalmente pronto e non baderai più alla stanchezza, perché avrai compreso che l'energia di cui senti il bisogno e già in te e sta a te farla scorrere, modellarla e amarla.

CONCLUSIONI

Siamo arrivati alla fine di questo secondo volume. Che te n'è sembrato?

Uno degli obiettivi principali di questi manuali è evitare di riempirti la testa di schemi e ipotesi logiche, tutte costruzioni mentali che conducono solo ad altri dubbi e inconsapevolezze. Avrai notato che i cambiamenti non sono mai definitivi, un po' perché la vita stessa è in perenne mutamento, ma anche perché è spesso facile tornare alle vecchie abitudini. Ecco perché un altro importante obiettivo è **cambiare davvero** e senza fatica, seguendo il naturale adattamento agli eventi universali, fino a comprendere che in realtà il cambiamento altro non è che riconoscere la propria vera essenza. Com'è possibile?

In verità, non è possibile che qui esista nulla senza uno spostamento di energia corrispondente, perciò anche la fatica dipende dalla percezione che si ha di essa. Quando facciamo una cosa con molta passione, avvertiamo meno lo sforzo, e viceversa. Allora, come si fa ad avere tanta passione? Dipende soprattutto da quanta importanza conferiamo a un obiettivo e da quanto crediamo che esso sia raggiungibile. In caso contrario, entra in gioco la rassegnazione, un fattore che trascina dietro di sé rimpianti e rimorsi, che a loro volta generano le negatività che limitano la tua esistenza.

Tu puoi trovare le motivazioni che possono modificare il tuo intento e spingerlo oltre ogni tua attuale immaginazione.

Questi manuali possono aiutarti a comprendere il migliore percorso che puoi intraprendere, ma tu devi metterci tutta la tua buona volontà e il tuo spirito di sacrificio, inteso come consapevolezza che quello che stai facendo è sacro.

Finora hai soltanto ricevuto delle informazioni, sta a te plasmarle e trasformarle in esperienza e coscienza; questi atti devono entrare a fare parte della tua vita come gesti automatici e abituali, unici e irripetibili come te, non deve esserci alcuno sforzo per imparare qualcosa a memoria o per ricordarti cosa devi o non devi fare. Per questo motivo è necessario che sia tu in prima persona a determinare i modi, i tempi, l'intensità, l'intento e la volontà con cui creerai l'alchimia di vibrazioni tra te e l'eterno infinito.

Troppo buio non ci vedi

Troppa luce sei accecato

Forse a Dio tu non credi

Ma lui sempre ti ha cercato

Oggi vivi nell'ombra totale

Ma come stella puoi farti trovare

Se voli oltre il bene e il male

E accendi la luce del verbo amare

.

Ecco lo schema dei passaggi principali che hai appreso finora in questo percorso

- Perdonati: non sentirti giudicato, non avere sensi di colpa

- Perdona: non giudicare

- Purificati: mente e corpo integri nella preghiera, meditazione, contemplazione

- Difenditi: dagli attacchi interni e esterni

- Focalizzati: non farti distrarre da agenti esterni e interni, resta costantemente concentrato sulla ricerca della consapevolezza
- Rinforzati: prendi coscienza di te stesso e della creazione
- Migliorati: non accontentarti mai, pretendi sempre di più da te stesso
- Accettati: anche quando i risultati sembrano non arrivare, non cercare di cambiare ma riconosci la tua essenza oltre il bene e il male
- Arrenditi: lasciati trasportare dall'onda dell'entusiasmo interiore, senza sforzarti di cambiare il mondo
- Sii Umile: è più facile accecarsi con la luce che con il buio, non sentirti mai superiore a qualcun altro

Adesso però, facciamo un riassunto semplice, ma non lineare, di quello che hai appreso attraverso questi primi due manuali.

Ricordi? Ci sono cose di estrema importanza, che tu non puoi trascurare perché esse fanno già parte del tuo essere. Perdonati e perdona, nutri compassione e scrollati di dosso sensi di colpa e giudizi che appesantiscono il tuo essere. Pensa e agisci in modo puro, rispettando il tuo prossimo.

Osserva il mondo intorno a te, prova empatia per ogni altra forma di vita animale, vegetale e minerale. Respira, nutriti, osserva e fai tutto questo con infinita calma, assecondando la tua Essenza e trasmettendo serenità a ogni energia presente nel tuo corpo.

Fermati un istante eterno e senti l'universo scorrere tra un'inspirazione e un'espirazione, comprendi che quella è la tua creazione e contemplala tra un respiro e l'altro. Mostra una sincera e autentica gratitudine verso il Tutto, ringrazia con il cuore ogni cosa che ti ha amorevolmente aiutato a giungere fino a qui, perché **ringraziare è anche un po' glorificare**. A un certo punto vivrai nell'entusiasmo, che significa stare assieme al divino, a condizione che la tua intenzione sia assolutamente pura e che la tua focalizzazione sia estremamente costante.

Questa prima fase ti è necessaria per diventare forte ed essere in grado di affrontare le tue inevitabili debolezze, ma questo non ti basterà a superare le paure, le malattie, l'ignoranza e la morte, che sono illusioni enormi! Tu non dimenticare che sei un essere umano; sei imperfetto, ma è proprio nell'imperfezione che si trova la chiave risolutiva dell'arcano.

Per adesso possiedi un'arma potentissima, che nessuno può toglierti: la tua volontà. Immagina che tutta la materia – quindi, anche il tuo corpo fisico – sia una sorta di ologramma rappresentativo della realtà. Tutto si gioca a livello mentale e spirituale, perciò in dimensioni non percepibili dai sensi fisici.

Finché puoi scegliere, scegli liberamente. Vuoi lottare per un mondo libero e felice, o ti accontenti di sperare nella salvezza tua e di chi ami? Vuoi vivere nella paura e nell'ignoranza, o vuoi conoscere chi sei e dove sei? Il tuo universo è tutto nella tua mente, o vuoi sapere se è reale?

Potremmo porci infiniti quesiti, ma la madre di tutte le domande resta sempre la stessa: **scegli di essere egoista o altruista?**

Non esistono vie di mezzo! Essere *un po' egoista* non è normale, come molti pensano, perché è proprio quel pizzico di egoismo che ha generato tutto il Male che percepisci nel mondo!

Se ci pensi, sono state le persone che hanno sacrificato tutto quello che avevano a portare la conoscenza dei valori autentici nel mondo; essi hanno donato amore perdendo finanche la propria vita perché tanti altri avessero la possibilità di capire.

Non voglio spingerti a diventare un eroe o un martire, ma ricordarti che è la tua scelta, adesso, a determinare chi sei davvero.

Questo percorso può trasformare chiunque da vittima impaurita a essere più potente dell'universo! Sono soprattutto l'ignoranza e la paura a generare le scelte egoistiche, nello stesso modo in cui la consapevolezza genera le scelte giuste. Ti sentirai l'essere più potente dell'universo semplicemente perché sarai nel giusto, nell'Amore e nella Libertà del Tutto.

Nessuno mai più potrà ferirti. **Oltre l'illusione della morte, oltre il velo che ti separa da una nuova battaglia per la tua Libertà.**

FAQ

1. *Perché dovrei seguire questo percorso piuttosto che un altro?*

Quali novità troverò qui che non sono già state dette?

Innanzitutto, non si dovrebbe mai seguire ciecamente nessun percorso o nessuna persona, semmai si tratta di scegliere ciò che in quel determinato momento si ritiene giusto. Ogni forma di vita ha il suo percorso unico e irripetibile, perciò ogni azione "copiata" soltanto perché si crede che chi l'ha ideata sia migliore, è simile a un "plagio", completamente inutile e fine a se stesso. Tutti sbagliano, in verità quello che conta è avere un'intenzione il meno egoistica possibile, per vivere sempre in uno stato di serenità e gioia autentica. Io, per esempio, inizialmente mi sono messo alla ricerca della Verità, ma poi ho capito che ancor prima ero alla ricerca della Libertà senza rendermene conto.

Mentre la Verità potrebbe essere verità parziale, relativa e condizionata dalla prospettiva individuale, la Libertà è certamente unica e uguale per tutti. Quello che dono in questo Percorso è la mia tenacia, la mia incorruttibilità, la mia assoluta indipendenza, la mia fortissima volontà e il fatto che ogni risposta che scrivo è stata sperimentata da me in prima persona, tranne alcune teorie che mi sarebbe impossibile verificare adesso, e che sono arrivate a me soprattutto attraverso l'intuizione pura. Queste risposte le avevo trovate immediatamente attraverso l'intuito che segue la bussola del cuore, ma ho dovuto verificarle a livello mentale per tradurle in esperienza vissuta, così ho passato mesi e anni di focalizzazioni e ragionamenti a vagliare le possibili risposte, escludendo quelle che non possono davvero funzionare nell'alchimia tra l'infinito eterno e la nostra vita terrena. Ovviamente io non sono affatto "arrivato", anche io sbaglio e continuerò a sbagliare nella mia imperfezione di essere umano. In fondo la perfezione assoluta assomiglia più al nulla che al tutto che c'è in questa realtà, l'entusiasmo di potersi migliorare è la grande passione che si può trovare soltanto qui e adesso. Se ti ritrovi nelle mie parole, se anche tu ti sei fatto le mie stesse domande, allora non seguirmi perché nuocerebbe a entrambi, ma accompagnami su questa strada, fianco a fianco verso l'infinito.

2. *C'è una religione o una credenza che è preferibile seguire?*

Ci sono movimenti o sette che sarebbe meglio evitare?

Questo Percorso non segue, non predilige e non esclude nessun movimento, credenza, setta o religione. Il giusto e sbagliato esiste dappertutto, può essere nell'ideale che si segue o nel modo di seguirlo. Questi movimenti sono un mezzo per riunire tante persone e quindi sviluppare più energia; purtroppo la "piccola" potenza di tanti si trasforma in un grande potenziale nelle menti di pochi. Il risultato è storia passata e attuale.

Puoi trovare un maestro in tutti, ma il migliore è sempre solo in te stesso! Seguendo il tuo precettore interiore farai certamente la scelta giusta; non preoccuparti di quale sia, ma soltanto di saper ascoltare e comprendere la bussola del tuo cuore.

Segui la via che ti indica il tuo più grande maestro e non potrai sbagliare.

3. *È giusto perseguire il potere e il denaro?*

Potere e denaro sono due strumenti, non due valori. Il denaro non serve ad altro che a raggiungere il potere, perciò il centro del problema è la smania di poter fare tutto quello che si vuole calpestando i diritti degli altri.

L'essere umano fa quello che vuole seguendo i Quattro Principi dell'Esistenza? Quando ti poni una domanda esistenziale, la risposta deve rispettare i parametri indicati da Rispetto,

Comprensione, Empatia e Compassione verso tutti gli esseri viventi e verso l'Universo. Chi non osserva queste leggi cade automaticamente nel livello egoistico mentre chi vuole davvero evolversi farà di più: estenderà la propria coscienza nella più profonda dimensione, dove tutto si sviluppa all'Infinito e per l'Eternità.

Qui sulla Terra il potere non è usato per amare, l'egoismo porta inconsciamente a voler possedere le persone prima ancora di desiderare le cose, e ciò attrae l'essere umano verso ciò che sembra amore, ma che in verità è solo il suo esatto contrario: la sensualità. Il sesso appare come l'atto più bello e divertente del mondo e lo sarebbe davvero, se non fosse storpiato e sfruttato oltre ogni limite. Il sesso vissuto in modo inconsapevole è la massima debolezza e insieme la più grande paura dell'uomo: dal sesso derivano illusioni, incomprensioni, violenze, aspettative, delusioni, accuse e sensi di colpa che possono condurre a un odio tale da generare guerre e orrori oltre ogni immaginazione. A livello individuale, una persona può pensare che non ci sia nulla di male a condurre una vita agiata insieme ai propri cari, ma resta il fatto che il mondo non cambierà se continuiamo a pensare soltanto a noi stessi!

Altruismo, sacrificio e umiltà sono parole che spaventano perché inducono a credere di rinunciare al proprio benessere, quando invece possono portare tutti a un più evoluto livello di felicità e serenità. L'altruismo e l'umiltà sono la traduzione in questa realtà fisica dei Quattro Principi dell'Esistenza, e tu, attraverso il sacrificio del tuo egoismo, puoi renderli sacri proprio adesso. Solo adesso.
Cercare la felicità per sé stessi e per i propri cari, o cercare la felicità per tutti gli esseri viventi? Sconfiggere il Male o sperare di sfuggirgli?
Come sempre, il problema è la scelta, e le tue scelte ti porteranno esattamene dove avrai voluto.

4. *Esistono il karma e la reincarnazione?*

In una parola, no!

Tutto lascerebbe credere che la reincarnazione sia un fatto di logica e giustizia Divina. Karma e reincarnazione possono essere associati alla legge di causa/effetto: l'anima che commette errori sviluppa un karma negativo, mentre quella che li subisce ne sviluppa uno positivo; in questo modo nelle vite successive tutti possono riscuotere o pagare, ma soprattutto imparare. Ma non è proprio così! Tu sei la coscienza unificata di un insieme composto da anima, spirito, mente e corpo, oltre a tutti gli altri corpi immateriali.

Ogni stato di te stesso può essere rappresentato da un corpo: emozionale, astrale, eterico, fisico, mentale ecc. L'anima è il soffio vitale, mentre lo spirito è la forza vitale, ma si potrebbe tranquillamente affermare il contrario. Che differenza c'è?

La mente e il corpo sono strettamente collegati, ma facilmente distinguibili perché già li conosciamo nel nostro mondo terreno, ma come spiegheresti la differenza a chi non sa cosa sono? Ancora oggi non c'è nemmeno la certezza di sapere se è la mente a generare il corpo o viceversa! Allo stesso modo, è difficile spiegare ciò che è sconosciuto e invisibile ai sensi. Ma la cosa più importante è che ognuna delle tue "parti", che si rappresenta con un corpo o un'idea, non sono solo individui che si sono uniti per formare te, ma a loro volta sono insiemi di qualcosa. Questo significa che l'individualità è solo un'illusione, tutto è diviso ma infine, nel più profondo, è assolutamente unito.

Lo spirito è più associato alla personalità, mentre l'anima più alle emozioni; entrambi hanno memoria del proprio livello di coscienza oltre lo spazio e il tempo, sono uniti e si completano nel corpo ma hanno caratteristiche diverse. Quindi anima e spirito non sono la stessa cosa, tuttavia fanno parte di te esattamente come di chiunque altro: tutti gli esseri viventi sono legati tra loro dalla stessa anima e dallo stesso spirito. In altri livelli di coscienza avviene il "gioco" del frazionamento, dovuto alle infinite possibili alchimie: nasce così la coscienza individuale, che crea l'ulteriore illusione di avere un'anima e uno spirito individuali. Tu sei il risultato di una delle infinite combinazioni che l'universo crea incessantemente perciò, qui e adesso, sei tu stesso una parte del tutto che sta creando, con le tue personali alchimie.

Come probabilmente sai, si ipotizza che l'anima si evolva attraverso le esperienze avute durante innumerevoli reincarnazioni. Per imparare le lezioni esiste il karma, una legge di causa/effetto che conduce a rivivere sulla propria pelle gli sbagli commessi e viceversa, per cui tutti, prima o poi, impareranno.

Ragioniamo. Fino al 1800, al mondo esistevano meno di un miliardo di persone e l'umanità, nel suo insieme, non ha sperimentato alcuna evoluzione spirituale, nonostante i tantissimi secoli trascorsi. L'essere umano, nella sua forma un po' più evoluta, esiste da circa seimila anni, più o meno duecento generazioni: immagina quanti tentativi avrebbero avuto le anime per evolversi! Senza contare che già migliaia di anni fa sono passati di qui uomini davvero grandi, che da soli avrebbero potuto dare un contributo decisivo alle buone sorti del genere umano! Invece, fino a poco tempo fa si uccideva, si schiavizzava, si torturava e si abusava in modo incredibilmente legale!

Non che adesso le cose siano migliorate molto nel mondo, ma sembrerebbe che in alcune parti vada *meno peggio* di prima. Pensa, poi, che nei soli ultimi due secoli l'umanità si è sestuplicata, passando da uno a sei miliardi, dal 1800 al 2000, perciò, è matematico che la gran parte delle anime debba essere completamente nuova. Sembra addirittura che le anime nuove abbiano fatto molto meglio di quelle con esperienza! Questa considerazione fa pensare che l'anima non si reincarna per imparare e migliorare, altrimenti questa iniquità di risultati e una quasi totale assenza di ricordi delle esperienze vissute non avrebbero alcun senso.

È probabile che la reincarnazione e il karma siano metafore per rappresentare il DNA e i pensieri della coscienza universale, che si tramandano di generazione in generazione al fine di adattarsi all'incessante divenire del Tutto. Tu non ti reincarnerai mai con le tue caratteristiche e la tua coscienza, semplicemente perché sei unico e irripetibile!

La mente a livello individuale è molto limitata, perciò tenta di giustificare la creazione con l'illusione del tempo lineare, cercando di preservare la propria coscienza da un'altra illusione come la morte. Ma la tua coscienza non è mai esistita prima e non si ripeterà mai più dopo, poiché esiste solo nella forma del tuo presente. Sicuramente la tua coscienza si è evoluta da sempre e continuerà a farlo per sempre nelle dimensioni che riuscirà a "guadagnarsi" ma, per evolverti in meglio, dovrai necessariamente migliorarti, perché la Luce farà il suo corso naturale verso la bellezza o la bruttezza, secondo quali saranno le tue alchimie. Il tuo personalissimo "per sempre" non è nel tempo lineare, tanto più che il tempo stesso non esiste nemmeno; vivrai in eterno in spazi e tempi diversi da quelli terreni, anche se non è impossibile interagire con essi. Di conseguenza, anche karma e reincarnazione sono un'ennesima illusione, una logica rappresentazione della mente. Infatti, tu non potresti essere soltanto un'anima che cambia corpo, non saresti mai lo stesso di questa vita: perderesti l'integrità delle tue caratteristiche che ne fanno l'identità di chi sei adesso, ti mancherebbero le parti che formano la tua coscienza attuale, come la mente e la personalità.

Eppure ci sono al mondo casi incredibili e inspiegabili di bambini che ricordano vite passate. Questo fatto da solo potrebbe dimostrare la teoria della reincarnazione, ma potrebbe anche trattarsi di altro: ad esempio, esseri che vivono in dimensioni a noi invisibili potrebbero avere le conoscenze per interagire in questa dimensione fisica e per manipolare le menti, condizionandole con informazioni telepatiche di esperienze vissute da altre alchimie spirituali. E cosa dire sulle ipnosi regressive? Anche quelle sono considerate da molti una prova evidente che esistono le reincarnazioni: in verità sono soltanto la prova di quanto sia facile trovare nel presente l'eternità senza tempo, che esiste nei labirinti interdimensionali dell'inconscio, ma anche di quanto sia semplice inserirsi e perdersi nei complicati meccanismi mentali dell'essere umano. Come vedi, è meglio non credere mai alla prima illusione, nemmeno se è bella o se fa comodo; bisogna che tutti imparino a valutare con la propria testa, perché la Verità è troppo importante per delegarla agli altri.

È fin troppo ovvio presupporre che alcune parti di tutti noi hanno vissuto nel passato - per meglio dire, vivono nel passato e nel futuro contemporaneamente - ma non eravamo e non saremo esattamente noi! Infatti, proprio in questo momento, alcune parti che si potrebbero definire "spiriti" stanno lottando con le altre a livello cerebrale e, chi vincerà – o meglio, l'insieme di coloro che vinceranno – prenderanno momentaneamente la supremazia decisionale della tua mente, finché non saranno rimpiazzati da nuove alchimie "vincenti". Ecco: quel risultato temporaneo e costantemente in divenire sei tu nel qui e ora. Stai percependo come unica realtà fisica questo universo che, invece, è praticamente olografico; di conseguenza, con le conoscenze giuste, chiunque potrebbe creare ogni tipo di inganno. In mancanza di certezze è

259

necessario procedere per esclusione, valutando con estrema cura ogni possibilità per non subire inganni. L'essenziale è che tu comprenda e ti adatti a ciò che percepisci, usando il cuore come riferimento, altrimenti rischi di essere manipolato, usato e infine buttato.

Adesso è per sempre

5. *Se io volessi seguire questo percorso, dovrei fare parte di un nuovo gruppo? E a quale scopo?*

Sono esistiti ed esistono ancora tanti gruppi di persone e anche tanti seguaci di guru o presunti maestri, a che servirebbe un ulteriore gruppo o un ennesimo cieco che si dichiara maestro di altri ciechi?

Quante persone servono per riuscire a cambiare il mondo? Ti sei mai chiesto in che modo dovrebbe cambiare il mondo per accontentare tutti i cosiddetti "buoni"? Nuove leggi, nuovi padroni, nuove ingiustizie. A meno che tu non voglia ancora sperare in un dio che faccia il re dell'universo e risolva tutti i problemi che noi abbiamo creato e subito.

E poi, come continueresti a vivere per l'Eternità? Hai provato a pensare come passeresti trilioni di miliardi di secoli? E poi ancora e ancora. Essere immortali non è così semplice come sembra! Se tu non dovessi riuscire a risolvere qui i tuoi problemi e le tue imperfezioni, essi non scompariranno magicamente per volontà di Dio, perché in quel caso verresti privato di te stesso.

Per questo motivo io sono alla ricerca di un modo per vincere il gioco della vita a livello spirituale. A livello fisico è fin troppo facile essere ingannati, manipolati, battuti e uccisi, ma esistono livelli dimensionali più profondi in cui tu puoi e devi vincere, se vuoi vivere.

Non c'è bisogno di nessun gruppo. Quando sentiamo la necessità di avere qualcuno vicino è perché noi siamo Amore e questa è la nostra reale natura, che purtroppo qui appare distorta. Nei momenti decisivi, però, saremo tutti assolutamente da soli, anche se sarà ancora un'altra illusione della mente, perciò devi essere e devi sentirti come il guerriero più potente dell'universo, sempre, indipendente dal tuo stato fisico e psichico.

Questa guerra non si combatte in nessun modo, è soprattutto una sfida tra la mente e le tue illusioni. Ma ricordati: tu stesso sei un'illusione della mente. **Non cercare di capire chi sei, devi prima trovare chi non sei.**

Abbiamo imparato tanto nel viaggio compiuto finora, ma questo non è che una piccola parte di ciò che ancora vogliamo conoscere. Perché non è quello che dobbiamo fare a darci la forza di andare avanti: è la bellezza che vogliamo trovare insieme a darci la speranza di creare un mondo migliore. Ogni volta che crederai di perderti, guarda i tuoi occhi riflessi nello specchio, fissali intensamente, con tutta la dolcezza che puoi. Immagina che tu stia guardando colui che ami di più in assoluto. E che Lui ti stia guardando, come se aspettasse Te da sempre. Forse riuscirai a intravedere la bellezza infinita che può colorare il tuo mondo con la luce dell'arcobaleno. Ecco, quella è la risposta alla tua speranza d'amore.

Sandro Napolitano

E, nel terzo manuale del Percorso...

Il coraggio

Come vincere le paure e le fobie - Essere incorruttibili di fronte alle debolezze

La morte

Come riuscire a comprenderla - Affrontare la scomparsa di chi si amava

L'entusiasmo

Che cosa significa vivere insieme e nel Divino? Come riconoscerne la bellezza

Prove di giovinezza eterna

Come interagire con il DNA – Invertire il processo di invecchiamento e non solo

E ancora, nuovi esercizi e suggerimenti per altri metodi da personalizzare a modo Tuo, per continuare la Rivoluzione di Luce!

RINGRAZIAMENTI

Ringrazio di cuore Michele Proclamato per la sua gentile disponibilità a inserire in questo libro alcuni testi presenti nel suo sito web. Grazie!

Guida essenziale per il viaggio della vita

Terzo volume

Verso la Libertà

Oltre l'orizzonte delle percezioni fisiche

Introduzione

Un caloroso abbraccio di Luce a te, che ti accingi ad avventurarti tra le pagine di questo meraviglioso terzo manuale della Guida essenziale per il viaggio della vita.

Avrai forse già capito che quello che hai davanti non è solo un insieme di teorie stampate su bella carta, ma un autentico corso formativo di consapevolezza. Si tratta di una scuola estremamente particolare: non ci sono regole e nemmeno voti, eppure il giudice è il più severo, ma anche il più adatto, che possa esistere. In altre parole è la scuola autodidatta della Vita, dove sarai tu a vivere consapevolmente promozioni e bocciature che vedrai susseguirsi negli eventi che ti riguarderanno.

A questo proposito ti anticipo che alla fine della prima fase del corso, nel quarto e ultimo manuale – quindi il prossimo dal titolo Come essere Vero - il sigillo del tuo universo – troverai un diploma da compilare a tuo nome, che ti consegnerà il tuo osservatore come segno di gratitudine per l'eccellente lavoro svolto insieme alla Guida. Questo diploma ha un valore eccezionale, non è un pezzo di carta che assegna un voto prestabilito dalla logica e dalla razionalità, ma è un sigillo, un autentico portale che ti connette direttamente alle dimensioni profonde per plasmare nuove alchimie nella Creazione: più le energie che si creano con le alchimie sono consapevoli, più il sigillo acquisisce il potere di realizzare e modificare gli eventi. La prima fase di questo corso di consapevolezza, infatti, si articola in quattro volumi al termine dei quali avrai fatto tue le nozioni basilari dell'Esistenza. Anche se ci sarà la Guida ad aiutarti, riuscire e ritrovarti dipende solo da te, dal tuo voler comprendere i meccanismi di ciò che crei attraverso l'Amore Incondizionato, la Volontà e la Costanza.

Il terzo volume segna un punto di svolta all'interno del Percorso, scoprirai di non lavorare in totale autonomia ma insieme alla Guida e al tuo osservatore: dalla mera esposizione dei fatti e dei concetti, passeremo gradualmente a concentrare i contenuti su esperimenti che impegneranno la tua mente in modo anticonvenzionale, disabituandola a subire gli influssi che ne limitano il potenziale infinito. Stimoleremo lo spirito creativo che è in te!

A partire dal secondo capitolo di questo volume e lungo tutto il quarto manuale dovrai impiegare la magia insita nel tuo essere, intesa come l'immaginazione alchemica – in tempi moderni siamo arrivati a chiamarla con i nomi matematica e scienza – che poggia le sue fondamenta sulla natura della terra e dell'Universo. Questo procedimento – non te lo nascondo, all'inizio sarà molto difficile! – ti aiuterà ad applicare le tue creazioni di Percorso alla realtà, perché il tuo spirito possa finalmente diventare lo strumento che unisce corpo e mente al Tutto. Visto che ho nominato il tuo spirito, ti anticipo che nel prossimo manuale troverai anche una sorta di glossario utile a chiarire il senso dei termini usati in questo corso. Infatti ognuno interpreta le parole a seconda delle proprie credenze e di come si è evoluto, questo vale anche per me ovviamente. Ad esempio, per spirito la Guida non intende un fantasma o un'essenza divina, ma più semplicemente la tua personalità in continuo cambiamento, quindi influenzata da fattori interiori come Intenzione e Volontà, e anche dagli eventi che si verificano nella realtà che percepisci come esterna.

Ispirandoti alle informazioni che apprenderai nel Percorso di consapevolezza evolutiva della Guida essenziale per il viaggio della vita, scoprirai di possedere capacità sorprendenti!

Non ti resta che rimboccarti le maniche e... voltare pagina.

La Morte

Comprendere la Morte

La Morte è da sempre considerata l'inevitabile per antonomasia: l'estremo punto di non ritorno, l'autentico mistero. Come accade per ogni cosa sconosciuta, sono state formulate innumerevoli ipotesi su ciò che potrebbe succedere alla Morte di un essere vivente. Quel che è certo è che esiste solo un altro mistero al pari di quello della fine della Vita, e cioè dove e come si era prima della nascita.

Acquisendo più consapevolezza durante questo Percorso, avrai modo di guardare la Morte anche nella sua bellezza e importanza. Paradossalmente, ciò che è in grado di procurare paura, sconforto e dolore, permette anche l'infinito ritorno del cerchio della Vita, intesa come la conosciamo. Quindi non soltanto la Morte permette a noi e a chi amiamo di interpretare il proprio ruolo in questo immenso palcoscenico, ma impedisce che i "cattivi" possano vivere in eterno, con la possibilità di rafforzarsi sempre più e di infliggere infinite sofferenze agli altri.

Necessariamente questo concetto presenta anche il rovescio della medaglia: è davvero difficile accettare la propria fine, ma soprattutto la perdita di chi si ama. Perciò il bicchiere è mezzo pieno o mezzo vuoto?

In verità il punto non è questo, inutile analizzare la questione in modo soggettivo. Per comprendere la Morte devi avere una prospettiva diversa. Prova a focalizzare l'attenzione sul bicchiere: che differenza c'è tra mezzo pieno e mezzo vuoto? Se ci fai caso il mezzo vuoto deriva da una prospettiva individuale: è l'ego che si identifica nella persona che sta recitando un ruolo attraverso la mente.

Invece il mezzo pieno è un punto di vista universale e imparziale: tiene conto di tutti gli esseri del Creato, e lo fa per un tempo molto più lungo di un solo ciclo di Vita.

Perciò il vero dilemma è se ostinarsi a prediligere la propria identità o guardare il tutto da una prospettiva più profonda.

Potrebbe esserci un'alternativa meno crudele al cerchio Vita/Morte, ma va creata da menti non condizionate: persone libere dalla schiavitù della propria identità.

Per cambiare la tua prospettiva individuale devi partire dal punto in cui ti trovi e muoverti seguendo i ragionamenti logici della mente. È altamente improbabile che la mente possa facilmente convincersi che non è poi così conveniente essere egoista, ma devi trovare la maniera di superare questo scoglio a modo tuo, aiutandoti con le informazioni che troverai nella Guida.

Nel quarto manuale ci sarà un capitolo sulla conoscenza dove, tra l'altro, affronteremo insieme in modo inusuale i concetti di spazio, tempo e dimensione.

In questo capitolo ti serve iniziare a considerare il tempo non già come un concetto astratto, ma come un luogo, in questo modo potrai comprendere che è possibile raggiungere una persona in qualsiasi momento, ovunque essa si trovi, anche al di là della Morte, semplicemente conoscendo il confine tra l'inizio e la fine della sua vita. Quello che ti ho appena spiegato non è applicabile se non avendo la capacità di penetrare nelle diverse dimensioni, innanzitutto per essere davvero consapevole che ciò che è prima della nascita e quello che avviene dopo la Morte non esiste, esattamente come non esistono passato e futuro; focalizzarsi soltanto su una delle estremità che limitano la tua vita nel qui e ora ti porta fuori strada, perché saresti in grado di considerare solo il punto di vista dell'ego mentale. Solo la mente può guardare l'eternità partendo da un punto fisso (la Morte), trascurando tutte le ipotesi su ciò che è stato prima della nascita: il nulla prima e il nulla dopo. Ma c'è il trucco: tutto esiste sempre e soltanto nel presente che, essendo un luogo, può essere esplorato nelle sue infinite forme e dimensioni. Ed è lì che si trova chiunque e qualunque cosa, il problema è trovare il modo di sintonizzarsi sulla particolare realtà in cui esiste lo spirito con cui si vuole interagire. Lo spirito, per la Guida, non è inteso come fantasma ma come energia pensiero che conferisce forma alle alchimie che costruiscono il ricordo della persona: gli spiriti sono energie che interagiscono anche con la mente collettiva. Una volta persa la forma fisica essi esistono in dimensioni che hanno leggi molto diverse da quelle che conosciamo, che rendono difficoltose le interazioni con la nostra dimensione abituale.

Ragionando su queste basi, nemmeno la mente dovrebbe avere difficoltà nell'accettare che l'Eterno Presente dell'identità che ha costruito è tutto nella parentesi tra nascita e morte. Semmai, **il punto fondamentale è comprendere quale trasformazione subentra e come questa avviene nel momento della Morte**, perché un così profondo e rivoluzionario cambiamento non avviene certo in modo casuale: la Vita stessa si evolve nel momento della Morte, intimamente connesse entrambe in una profonda danza tra energie che sembrano lottare per emergere. Per riuscire a guidare consapevolmente la trasformazione bisogna lavorarci lungo tutto l'arco della vita terrena: non è un campionato in cui si sommano i punti ottenuti durante il Percorso, ma è una ricerca per trovare le intuizioni giuste al momento opportuno.

Un buon punto di partenza è sapere che al momento della Morte l'identità si scioglie definitivamente: **non sei tu che ti trasformi in qualcosa d'altro, semplicemente cessa di esistere il costrutto che aveva fatto di te un individuo.**

Per farti comprendere meglio questo concetto, ecco un esempio: immagina di avere una bella automobile. Ha un nome, un colore, un motore potente, una carrozzeria splendente, degli interni favolosi e tutto quello che puoi associare a un'auto da sogno. Ora tu con lei vai in vacanza, al lavoro e in qualche modo essa fa parte della tua vita. Nel momento in cui la cambi, l'automobile viene rottamata e smontata pezzo per pezzo, così cessa di esistere. E cosa ne rimane? Bulloni, viti, tappezzerie, plastiche, metalli: una serie lunghissima di piccole parti che, messe insieme, componevano la vettura con cui avevi condiviso parte del tuo universo. Ma in cosa si trasformeranno queste piccole parti? In qualsiasi cosa, tranne che nell'automobile che era prima.

Certo, un essere vivente ha anche una parte mentale e spirituale, ma pure queste sono alchimie di vibrazioni: un insieme di pensieri e di caratteri che continuano a esistere, ma sempre tra i confini di nascita e morte dell'identità che avevano creato. Nonostante questo, **c'è sempre un modo per interagire oltre i confini, perché i confini in verità non esistono**.

Perciò non ha alcun senso temere la Morte, piuttosto devi aver paura di non riuscire a fare quello che è ti possibile creare e plasmare soltanto qui e adesso nella tua forma fisica: per questo motivo la Guida essenziale per il viaggio della vita che stai leggendo assume un ruolo estremamente importante.

Infatti, dal momento che lo spazio e il tempo sono un'illusione della mente, esiste un modo per trascendere anche l'illusione della Morte. Sta a te scoprire come, magari aiutato da questa meravigliosa Guida!

Affrontare la perdita di una persona cara

Ti sei mai chiesto perché il concetto di eternità è tanto importante per un essere che in media vive meno di cent'anni? Eppure, a dispetto delle difficoltà e delle crudeltà della Vita, in questo breve arco di tempo le persone s'innamorano, fanno dei figli, si affezionano alle altre e spesso vivono emozioni bellissime!

Chi non riesce a realizzarsi durante la Vita, spera in una rivalsa, di poter rimediare dopo la Morte, nell'Oltre vita, che immagina infinito e ricco di tutto ciò che, dal suo punto di vista, è desiderabile. Ma la mente non si accontenta mai, perché pretende il meglio, anche se ha già vissuto un'esistenza felice! Questo accade anche quando a morire è una persona cara: all'inizio non la si vuole lasciare andare, perché la sua mancanza provoca troppo dolore, poi, quando si inizia a rassegnarsi alla perdita, si tende a immaginarla in Paradiso e in salute, nel momento migliore in cui la si ricorda in vita, quindi nel proprio universo.

Entrambi questi atteggiamenti celano il desiderio di avere per sé le persone a cui ci affezioniamo e di ritrovarle così come le abbiamo vissute, nella massima armonia e bellezza che si è generata tra noi e loro. Infatti, nessuno sognerebbe di trascorrere l'eternità con le persone amate nelle sembianze di un anziano decadente, a meno che non abbia il dolce ricordo di un nonno e desiderasse rivivere quei momenti. E nostri cari vorrebbero sì essere per sempre circondati dagli affetti, ma non in una condizione di sofferenza e malattia. Il desiderio più naturaleche possa nascere è vedere la persona amata finalmente libera dai dolori di una malattia che, per fortuna o purtroppo, l'ha fatta morire.

Se vogliamo dirla tutta, nel caso in cui si avverasse l'ipotesi dettata dal nostro desiderio egoistico, si creerebbe un paradosso d'età tra le generazioni che si susseguono sul grande palco della Vita: durante la nostra esistenza noi siamo figli, genitori e nonni e nessuno potrebbe immaginare il Paradiso senza i suoi cari senza bypassare il desiderio di questi ultimi di ritrovarsi a loro volta assieme alle persone del cuore, che noi non possiamo conoscere tutte... Insomma, è matematicamente impossibile concedere a tutti l'eterna giovinezza, anche nell'Aldilà, senza dover creare dei cloni che riflettano l'età in cui i nostri affetti meglio si sono relazionati con noi.

Per comprendere appieno il timore e il dolore mentale della Morte è necessario prendere in considerazione due prospettive: il punto di vista di chi muore e quello di chi subisce la mancanza della persona amata. Ovviamente, tu puoi conoscere a fondo solo il punto di vista di chi rimane in Vita e affronta la perdita di una persona cara: purtroppo si tratta di un'esperienza dolorosa che prima o poi facciamo tutti, ammesso che si abbia tempo e modo di amare qualcuno. In questo caso almeno puoi trovare un segno inequivocabile che la mente non ragiona in modo esclusivamente egoistico: il solo fatto di sapere con sicurezza che nell'Oltre vita la persona amata è felice, attenuerebbe una parte considerevole del dolore, nonostante la sua presenza e il suo affetto siano venuti a mancare. È a grandi linee ciò che succede quando un figlio si trasferisce lontano per inseguire i suoi sogni e la madre è serena, perché sa che è felice, anche se ne sente un po' la mancanza.

La tecnologia odierna ci ha abituati al controllo oltre il naturale limite umano. Il fatto che chiunque sia contattabile in ogni momento e ovunque rende il distacco un problema di natura puramente fisica, perché per comunicare basta premere un tasto del computer o usare il telefono. Una volta, invece, era diverso: chi partiva per un viaggio lontano aveva molte probabilità di cessare qualsiasi contatto con le persone che lasciava, perché le comunicazioni erano più lente e difficili e non tutti erano in grado di utilizzare i pochi mezzi a disposizione (pensa solo a quanto raro fosse soltanto saper leggere e scrivere non moltissimo tempo fa). Di conseguenza, le persone erano abituate all'idea che il viaggio fisico comportasse anche una sorta di viaggio spirituale e, poiché avevano un'esperienza diversa della lontananza, tendevano a soffrire meno quando un loro caro moriva.

Dalla considerazione che ho appena fatto, puoi facilmente comprendere che la scomparsa di una persona cara non riguarda solo una percezione soggettiva e personale dell'evento, ma si è anche fortemente influenzati da usanze e abitudini della società e del tempo in cui si vive. L'essenziale è trovare il metodo che nel tuo adesso ti faccia comprendere e soprattutto accettare la Morte di chi ami. Solo quando ci riuscirai, saprai in che modo prepararti all'evento apparentemente più importante e difficile per te, di fronte al quale tutti sono completamente soli, come del resto sono sempre stati. La Morte delle persone care e il tuo trapasso sono due facce della stessa medaglia: le alchimie che avete creato mentre eravate in vita sono eterne perché trascendono lo spazio e il tempo! Grazie agli esperimenti che farai insieme a questa Guida, sarai capace di plasmare le alchimie su misura per te. In questo modo riuscirai anche a ritrovare te stesso e le persone che temevi perdute per sempre con la Morte, scoprendo che anche nelle dimensioni profonde tutto cambia e loro non saranno più le stesse persone, ma finalmente non lo sarai nemmeno tu. Questo non significa che vi siete persi ma, al contrario, che l'Esistenza va avanti oltre i ricordi. Così come succede nella vita fisica, l'eccessivo attaccamento a qualcuno si trasforma in bellezza solo se si è in completa sintonia, e l'Universo è un campo estremamente dinamico che offre infinite possibilità di donare il seme della bellezza. Spetta a te viaggiare e scoprire come: questo è esistere per sempre, nell'Eterno Presente.

La Creazione può essere osservata anche come un'unica, immensa fotografia. Un'immagine che contiene tutto: qui vi è ogni alchimia creata attraverso le unioni di energie, perciò anche la tua identità e quelle di chi ami, collocate al loro posto come fossero ferme. È una dimensione che trascende lo spazio e il tempo, questa fotografia del tutto. Ovviamente è immodificabile ma solo i confini creati dalle illusioni della mente ti impediscono di entrarvi e plasmare nuove alchimie con chi ami, al di là di spazio, tempo e morte. Un po' come per i ricordi: la stessa scena è ricordata dai protagonisti in due modi diversi; inoltre riviverla sarebbe impossibile, come ricrearne le stesse identiche condizioni. Invece è possibile rincontrarsi e fare perfino di meglio! Puoi dedurre facilmente che soltanto la mente può impedirti di essere un esploratore e cercare chi ami anche dopo la Morte, ma non dimenticare che l'identità stessa è un'illusione della mente. A te il compito di comprendere quanto è davvero importante l'attaccamento attraverso la tua identità, dato che questo è l'unico punto di riferimento che hai. Almeno adesso, nell'eterno adesso. Questo è il dilemma: rimanere imprigionati nei labirinti dorati della mente o uscirne e cambiare tutto? Come sempre, a te la scelta.

Esperimento speciale

Adesso inizia la fase degli esperimenti: questo primo

esperimento è molto particolare. Anche ogni altro
esperimento che troverai nella Guida va compreso
a modo tuo, nella ricerca del tuo equilibrio
mentre attraversi le varie dimensioni per osservare
e comprendere.
Mettiti a tuo agio, rilassati, un buon metodo è ascoltare
musica, non importa quale e nemmeno il modo in cui
scegli di prepararti allo stato di serenità. Conta solo
il tipo di vibrazioni che percepisci, il come è lavoro tuo.
Focalizzati sul respiro, ascolta le intuizioni pure
attraverso il battito del cuore. Anche in questo caso non
ha importanza come ascolti le intuizioni,
ma soltanto che siano quelle pure, cioè non
condizionate dall'ego, e soprattutto che non confondi le
intuizioni con i ragionamenti inquinati dalla mente
individuale.
Adesso vesti i panni del tuo osservatore, esci
dall'identità dell'io per non farti influenzare dagli agenti
limitanti dell'ego. Attieniti a osservare senza giudizio
e senza ragionamenti logici. Trova il significato profondo e
comprendi.
Ora puoi procedere in modo logico, come vuole
la mente che ti ha imprigionato in questo grande
inganno, ma che può anche essere collaborativa
attraverso la consapevolezza.
Osserva la Morte senza farti prendere da nessuna
emozione. Mentre lo fai segui i Quattro Principi
dell'Esistenza, in questo modo potrai percepire l'infinito
dolore inconsapevole che gli esseri viventi
sperimentano durante l'Esistenza.
La Morte è un distacco inevitabile ma che molti
subiscono in modo terribile, il dolore mentale aumenta
esponenzialmente quando una persona cui si è molto
legati ci viene strappata in modo violento o improvviso.
Questo non è il momento per raccontare all'umanità
l'ultima versione della favola del Tutto si aggiusterà:

è vero che la Morte non esiste e che, almeno
in apparenza, non si possono influenzare gli eventi
incontrollabili, ma è anche vero che tutti vivono
in questa realtà ed è qui che vogliono essere felici.
Senza teorie e senza promesse, pretendono risposte
adesso, e tu, in qualità di tuo osservatore, puoi ottenerle
soltanto attraverso la tua intuizione pura, nessun altro può
darti ciò che solo tu possiedi.
Poni l'attenzione sul fatto che ogni giorno si assiste
a soprusi e atti orribili, che riempiono di paura e terrore gli
occhi di vite innocenti e indifese.
Adesso cerca mentalmente una soluzione, che
non è vomitare insulti contro i "cattivi" e nemmeno
ignorarli o fingere di perdonarli, perché li arricchiresti
di un'energia che li renderebbe solo più forti
e numerosi. Semplicemente, non dare giudizi e non
alimentare gli attriti che generano scintille di lotta,
tornando a incrementare nuova energia inconsapevole.
Prova, invece, a focalizzarti sulle vittime, i deboli e gli
indifesi, irradiando su di loro la Luce che riesci a plasmare
con le alchimie che scorrono in quest'istante.
Nel nostro presente è possibile anche pregare, non per
cercare qualcuno ma per ascoltare le intuizioni pure
e inviarle in direzione di chi soffre e ha bisogno d'aiuto, in
modo da favorire eventi che diano loro uno spirito
di autentica compassione e speranza.
Ma c'è ancora qualcosa che, in qualità di tuo
osservatore, puoi fare: tu puoi essere la luce che
illumina la mente di chi ha il cuore pronto a vivere libero,
puoi dare a ogni essere vivente la possibilità
di scoprire chi è, di non subire attacchi
mentali da chiunque esso sia.
Focalizzati sul respiro e ascolta il battito del cuore,
trasmetti alla mente le informazioni in questo stato
di non giudizio e imparzialità.
Adesso immagina cosa accade quando si mangia una

bistecca: di fatto ci si nutre di un essere vivente che,
terrorizzato, ha subito il suo ruolo di vittima sacrificale.
In qualche modo l'organismo metabolizza l'energia
di cui si alimenta; se invece tentasse di nutrirsi
di un individuo consapevole, il suo desiderio di libertà
trasformerebbe l'intero organismo con effetti che –
proprio come accade con l'ingestione di un veleno –
potrebbero essere devastanti. Chi mangia si trasforma in
chi viene mangiato, è soltanto questione
di consapevolezza. Questo non vale tanto per il corpo
fisico, ma soprattutto per il corpo mentale e il corpo
spirituale. La Morte è un'illusione della mente,
proprio come lo è la vita nella sua individualità. Anche le
distanze e le grandezze sono illusioni della mente:
in verità nessuno è più grande di un altro e nessuno più
piccolo. Non esiste niente e nessuno che non sia
composto di insiemi elementari, e questo significa
che nulla si può plasmare senza il contributo di chi lo tiene
insieme. Ma non solo: il suo potere è anche direttamente
proporzionale a quanto potere gli viene riconosciuto da
tutte le parti di cui è composto.
Ora guarda i tuoi occhi riflessi nello specchio, contempla
la luce che percepisci come tuo osservatore e
comprendi.

Il Coraggio

Ora entriamo nel vivo del corso di consapevolezza e iniziamo una fase altamente creativa del Percorso; essa ti accompagnerà fino alla fine del quarto manuale, che segna la conclusione del primo livello, utile ad apprendere le basi necessarie per sviluppare i tuoi talenti.

Cosa significa "fase creativa del Percorso"? D'ora in poi ti verrà chiesto uno sforzo inusuale per un corso di tipo scolastico: oltre ad apprendere le informazioni che troverai, **dovrai anche creare il tuo personalissimo e originale modo di svilupparle ed evolverle nel tuo universo.** La vera conoscenza non è una serie di nozioni da imparare passivamente, **ma pretende un cervello sempre attivo, usato come strumento di ricerca e sperimentazione personale.**

Perciò non avrai più solo il ruolo di chi apprende, ma anche di chi insegna, diventando la parte attiva del corso, quella che determina la profondità delle ricerche. Infatti non stai studiando la ricetta per la felicità che ha inventato l'autore, ma stai ricercando il modo migliore per evolverti. In una scuola abituale, quelli che stai per eseguire si chiamerebbero esercizi e per svolgerli avresti delle regole rigide e dei luoghi prestabiliti. Invece qui vengono smontati tutti gli automatismi che negano la creatività alla mente, perché **stai sviluppando l'arte di evadere dalla**

forma. Per farlo, devi essere cosciente nel momento in cui ti addentri nell'inconscio, e rimanere con la memoria vigile per aumentare il tuo stato di coscienza mentre esplori le profondità dell'ignoto. Un po' come quando stai per addormentarti: ti ricordi tutto, chi sei, dove sei; ci pensi, sei presente... poi all'improvviso il buio totale. Dopo qualche ora ti svegli, e se va bene ricordi frammenti confusi di sogni, mentre avresti tanto voluto controllare il sogno a tuo piacimento e ricordarne lucidamente ogni dettaglio.

Ecco, in questi esercizi accade all'incirca la stessa cosa. Non sto parlando di autoipnosi o di inscenare strani rituali, ma di restare ben presente in quello che stai facendo durante gli esercizi. A questo proposito, non li chiameremo esercizi, perché non lo sono! Eseguirai degli autentici esperimenti anzi, per la precisione li eseguiremo io e te insieme. Infatti, nel momento stesso in cui la mente pensa, sta agendo automaticamente su piani di cui ignori l'esistenza ma ciò non toglie che questo accada davvero. E a questo serve essere consapevoli: conoscendo cosa e come si verifica, puoi osservare, comprendere e forse guidare le energie sottili, cioè quelle che danno il via a tutti gli eventi. Dico "forse guidare", perché questo dipende dalla tua volontà e dalla tua capacità di sviluppare un metodo per interagire con le energie sottili. Grazie a questa Guida, adesso hai un aiuto fantastico per creare le tue alchimie e connetterla a quelle che si presentano dal passato. Questo gioco di parole fa intuire che le alchimie presenti in questa Guida, in tutti e quattro i manuali, sono in perenne fase di Creazione nel tuo presente, e a renderle attive sei proprio tu. In questi esperimenti non esistono passato e futuro, si creano nuove forme con le alchimie

301

attratte dalle alchimie che derivano da te. Devi però considerare che anche le forme, le alchimie e le energie sottili sono stati d'essere impercettibili, come la mente e la consapevolezza. Perciò sta a te dare loro la potenza necessaria per interagire con la materia, esattamente come succede con i pensieri. Altrimenti rimangono troppo deboli e il cervello, nel migliore dei casi, li cataloga alla voce Illusioni o Sogni.

Sarà necessaria tutta la tua buona volontà per raggiungere risultati mai ottenuti prima, ma ti garantisco che ne varrà la pena!

Cominciamo subito con un argomento molto difficile, ma altrettanto importante per procedere in questo immenso Percorso: il Coraggio.

Esperimento 1

Mettiti davanti a uno specchio in un posto tranquillo,
dove non ti vede nessuno. Guardati negli occhi,
contemplane il riflesso. Prenditi il tempo che ti serve
per cogliere le profondità della bellezza nei tuoi occhi.
Visualizza la tua persona, immagina di essere
un osservatore che guarda il comportamento del tuo io
senza giudicarlo, in modo assolutamente imparziale.
Focalizza la mente sul respiro e ascolta il battito
del cuore. Adesso sei il tuo osservatore, sei qui
esclusivamente per comprendere e comprenderti.
Il resto devi farlo tu.

Cosa significa per te il Coraggio? Cerca di riassumerlo
in poche parole.

Fai una lista delle azioni coraggiose che ti vengono
in mente.

Dividi le azioni che faresti da quelle che non avresti
mai il coraggio di fare.

Focalizzati sul respiro, ascolta l'intuizione pura
che ti arriva. Osservati e comprendi. Non importa
la logica razionale, stai sviluppando la comprensione
verso le intuizioni pure che arrivano.

Come vincere paure e fobie

Quante paure incontriamo durante la nostra vita?

Paura della Morte, della sofferenza, delle malattie, di perdere qualcuno o qualcosa, paura dell'Inferno, di una pena terribile ed eterna... Questi sono solo alcuni dei più diffusi timori dell'essere umano, o meglio, della sua mente, cui si aggiungono le fobie, ovvero i terrori apparentemente irrazionali che ci paralizzano: aracnofobia, idrofobia, agorafobia e ancora e ancora. Quante persone subiscono manipolazioni di ogni genere a causa delle loro paure e fobie! Siamo tutti influenzati da un costante stato di terrore, che limita le nostre azioni e i nostri pensieri.

In effetti è relativamente semplice stimolare nel cervello impulsi di paura e desiderio, basta soltanto conoscere dove e come intervenire con una leggera scarica elettrica, e il cervello diventa un automa facile da pilotare. Grazie alle informazioni e agli esperimenti della Guida, puoi essere immune da tutto questo, perché la consapevolezza è più forte di qualunque cosa possa mai accaderti!

Esperimento 2

Fai una lista delle tue paure e delle tue fobie,
riportando alla mente come hai reagito nei momenti
di panico: prenditi tutto il tempo che ti serve.

Ora, focalizza l'attenzione sul respiro. Cerca l'intuizione
pura nell'attimo che intercorre tra un respiro e l'altro.

Visualizza come ti comporteresti se, invece di essere
reattivo di fronte alle paure, dovessi tenere
un atteggiamento proattivo. In altre parole, se invece
di subire le paure in prima persona, tu fossi
semplicemente un osservatore che ti guarda sapendo
che in realtà non c'è nulla da temere.

Adesso immagina come ti comporteresti
in una situazione di potenziale pericolo se dovessi agire
seguendo i Quattro Principi dell'Esistenza.

In qualità di tuo osservatore scrivi delle note,
evidenziando le differenze che noti tra l'atteggiamento
reattivo e quello proattivo. Ricordati che sei
un osservatore imparziale, non ti interessa giudicare

e nemmeno competere, devi semplicemente
sperimentare.
Osserva, percepisci e comprendi.

Immagina come sarebbe la vita senza paura. Sarebbe meno noiosa, ma certamente più pericolosa, perché uno dei pochi aspetti positivi del timore è che ci fornisce la prudenza necessaria per salvaguardare il nostro fragile corpo fisico, impedendoci di buttarci a spron battuto in ogni nuova avventura.

È naturale che succeda, ma la materia stessa è generata dalle energie, perciò in questo Percorso dobbiamo dare grande importanza anche al lato psichico dell'essere, che è la fonte di tutto ciò che percepisci qui e ora.

Ti ricordi i Quattro Principi dell'Esistenza? **Attraverso il rispetto, la comprensione, l'empatia e la compassione puoi cominciare ad attenuare le tue fobie e paure, perché eliminerai i pregiudizi e le credenze che ti portano a temere l'ignoto.**

Esperimento 3

Rileggi la lista dell'esperimento 2 e le note che tu stesso, nelle vesti di tuo osservatore, hai registrato.

Quante di queste s'ispirano ai Quattro Principi dell'Esistenza o ad almeno due di essi?

Ora focalizzati sul respiro, esci dagli schemi mentali e prova a raggiungere con la sola intuizione questo concetto: niente può diventare armonioso e pacifico allo stesso modo per tutti gli esseri viventi se non segue i Quattro Principi dell'Esistenza. Continua a focalizzare la

mente sul respiro. Fa' attenzione agli spazi in cui tutto si
ferma, mentre non stai respirando. Sono spazi molto brevi,
ma possono bastare, anzi man mano
sembreranno sempre più lunghi.
Osserva come stai cambiando frequenza di realtà,
si tratta di un cambiamento molto piccolo ma può
essere sufficiente a capire come funziona
il meccanismo di frequenza.

Come ti ho già rivelato nei precedenti manuali, **non esiste,
in verità, un essere più potente di te**. Ogni forma,
vivente o no, che incontri sul tuo cammino è dotata di un
grado di potere che tu stesso le riconosci. È un concetto
difficile da capire, perché siamo abituati a misurare il
potere in modo incompleto, ma proviamo a ricondurlo a

un'esperienza di vita vissuta.

Da giovane forse hai fatto parte di un gruppo di amici. Una piccola banda, insomma, che si riuniva per andare a giocare o fare merenda insieme. Con ogni probabilità quella banda di ragazzini aveva un capo; uno dei suoi membri, cioè, tendeva a prendere gran parte delle decisioni. Perché vi sottomettevate alle scelte del vostro giovane leader? Era più forte di voi o possedeva capacità che vi erano estranee? Io non credo. Il capobanda prendeva le decisioni per tutti perché voi – ciascuno di voi – gli riconoscevate il potere di farlo.

Esperimento 4

Chiudi gli occhi e respira profondamente. Cerca
di entrare in uno stato di serenità, in cui sai che nessuno
può farti del male. Potrebbe volerci del tempo, ma
non ci corre dietro nessuno!
Quando ti senti pronto, passa alla prossima fase
dell'esperimento.
Immagina di essere qualcosa di molto piccolo:
un pesciolino, un filo d'erba, un microbo o una piccola
vibrazione di energia, quello che ti è più congeniale.
Immagina di essere mangiato da un essere più grande.
Tieni presente che, nello stato in cui ti trovi, nessuno
può farti del male, perciò non agitarti e rimani
semplicemente un tranquillo osservatore esterno
di quello che sta succedendo.
La tua vita, come piccolo essere, è finita. Sei diventato
parte di quell'essere più grande che ti ha mangiato,
ti sei trasformato in qualcos'altro che continua a vivere
anche grazie a te, ma tu non sei più quello di prima.
La tua identità individuale ha cessato di esistere.
Focalizzati sul respiro, e visualizza attraverso l'intuizione
pura come ti senti adesso. Analizza le energie
che scorrono con tutte le tue percezioni.
Adesso diventa l'osservatore imparziale, privo

di emozioni individuali, che siano negative o positive.
È facile comprendere che il tuo corpo fisico è stato
assimilato, ma la tua mente e il tuo spirito?
Dal tuo punto di vista, è come se tu fossi scomparso
nel nulla.
Oppure no?
Eppure no?
Adesso rientra nei panni dell'imparziale osservatore,
guardati dall'esterno.
Non avere aspettative e non emettere giudizi.
Osserva e comprendi.
Rispondi alle tre domande come tuo osservatore,
usando le intuizioni pure e comprendendole
oltre la logica dell'ego.

Esperimento 5

Ora cambia prospettiva. Visualizza come sei adesso,
mettendoti nei panni dell'essere più grande,
che si è appena nutrito di una forma di energia
più piccola di lui.
Focalizza la tua attenzione sul battito del cuore
e ascolta il tuo respiro.
Adesso sei il tuo osservatore, comprendi sostituendo
la logica mentale con le intuizioni pure.

Come sai bene, quello di cui ci nutriamo ci trasforma
e ci modifica, perciò nemmeno adesso, che hai assunto
le sembianze di chi ha preso il sopravvento,
sei lo stesso di prima.

C'è di più, puoi aver mangiato qualcosa di salutare,
ma anche di velenoso: tutto dipende proprio da...
quel piccolo essere che è entrato a far parte di te!
Focalizzati sul respiro e visualizza attraverso l'intuizione
pura come ti senti adesso. Analizza le energie

che scorrono con tutte le tue percezioni.
Percepisci la lotta per la supremazia.
Percepisci la lotta per la sopravvivenza.
Focalizzati sul respiro, ascolta il battito del cuore, senti
le vibrazioni che scorrono nel corpo fisico e nella mente.
Non avere aspettative e non emettere giudizi.
Osserva, percepisci e comprendi.

Essere incorruttibili di fronte alle debolezze

Avere coraggio non significa non avere paura, ma il particolare Coraggio richiesto da questo Percorso è una forma altissima di sacrificio per la libertà di tutti. È questo sacrificio che renderà il tuo coraggio più forte di qualsiasi paura e impermeabile a qualsiasi debolezza. Infatti, le paure non sono le sole a minare la strada del tuo Percorso: le tentazioni, gli inganni, i vizi e tutto ciò che rende debole la carne costituiscono delle potenziali dipendenze che si impadroniscono sempre più di te e possono trasformarsi in ostacoli insormontabili per il tuo Eterno Presente.

Soltanto il tuo spirito è in grado di sostenere il tuo corpo e la tua mente mentre attraversano uno stato di debolezza, intervenendo con il Coraggio consapevole dei propri valori. Ma lo spirito è un qualcosa di impercettibile: un po' come la mente che è formata dai pensieri, lo spirito è plasmato dal carattere attraverso Intento Puro e Volontà.

Perciò, come puoi facilmente comprendere, **lo spirito non scende giù dal cielo per grazia ricevuta, ma è ciò che scegli di essere con il tuo sacrificio.** Gli esperimenti della Guida inducono la mente a seguire meno l'ego e a rendere sacro ogni gesto che fai. Per farlo non è necessario cambiare sé stessi, ma comprendere chi si è.

315

Esperimento 6

Quali sono le tue più grandi debolezze fisiche
e mentali?
C'è qualcosa cui non riesci a resistere
e che è fonte di distrazione o di ostacolo
al tuo Percorso di consapevolezza?

Annota tutto quello che ti viene in mente,
senza sprofondare nell'autocommiserazione.
Focalizzati sul respiro e richiama l'intuito puro che
è in te. Adesso devi fare un grande sforzo di volontà. Devi
assolutamente vincere le tue debolezze.
Vesti i panni del tuo osservatore, guardati e allontanati da
te. Sempre più lontano. Guarda la tua mente
e il tuo corpo lottare per liberarsi dal lupo cattivo
interiore, che loro stessi nutrono e rafforzano.
Non giudicare, ma allontanati ancora.
Ora ti guardi mentre stai
lottando, ci sono tantissime energie in gioco, girano
intorno in modo vorticoso. Ma sei troppo lontano
e non distingui più le forme perché sono piccolissime,
sembrano tanti moscerini che ruotano intorno,
senza sosta.
Osserva da lontano quello strano gruppo di moscerini:
non si capisce se danzano o lottano, certo sembrano
andare avanti e indietro senza senso.
Osserva come l'energia che nutre quei moscerini

appaia devastante e incontrollabile. Osserva
e comprendi. Non provare emozioni negative o positive,
adesso non sei più la tua identità, ma il tuo osservatore.
Focalizzati sul battito del cuore,
mentre ascolti il tuo respiro.
Osserva, percepisci e comprendi.

Come sicuramente avrai già sentito, c'è un tempo per divertirsi e un tempo per rinunciare, c'è un tempo per lottare e un tempo per contemplare. Fatti guidare dall'intelligenza del tuo spirito e della tua intuizione pura, senza nutrire energie superflue con inutili sensi di colpa e fragili aspettative.

Spirito e intuizioni sono frutto del lavoro della mente attraverso volontà e intento puro, che a loro volta arrivano dalla parte più vera di te, quella completamente libera. Ecco perché essere incorruttibili non significa avere regole inflessibili, ma unire i propri talenti ai Quattro Principi dell'Esistenza, vivendo costantemente nell'armonia e nell'equilibrio. In questo modo la tua vita non solo può essere esattamente come la sogni, ma hai la possibilità di andare oltre, plasmando la realtà in completa sintonia con l'attimo che vivi incessantemente. A questo livello dimensionale, non è più necessario limitarsi a focalizzare l'attenzione su una o poche cose alla volta, ma sarai in grado di aprire le percezioni e renderle potenzialmente illimitate.

Soltanto attraverso questa esperienza puoi comprendere la differenza tra il tuo essere individuale e la tua vera essenza, scoprendo che l'uno non esclude l'altra.

Opere di Vanagloria e
Omissioni di gesta eroiche

Pensi che il titolo di questo sottocapitolo sia strano? Probabilmente sì.

Molto spesso, nella parte impercettibile della Creazione, gli eventi si svolgono esattamente al contrario di come crediamo. Le personalità, in mancanza di equilibrio, tendono a dare il meglio o il peggio di sé, a seconda di come gira la giostra degli eventi. Così a salire sul palcoscenico e a fare gli eroi sono le vittime o i vili, quelli che si mantengono neutrali e aspettano di salire sul carro del vincitore. Nella loro inconsapevolezza spesso si comportano da autentici incoscienti, nel cercare di sfuggire alla sofferenza o di sfruttare le occasioni per mettersi in luce. Questo accade grazie alla complicità dell'ego e a un pizzico di follia. È così che la storia – quella raccontata e a cui tutti fanno finta di credere – è stata tramandata fin qui.

Esperimento 7

Nomina almeno sei personaggi che si sono distinti
per il loro eroismo o la loro malvagità: esamina
attentamente le prove che ti assicurano che i fatti
si siano svolti esattamente così.
Focalizzati sul respiro, apri le porte del tempo e,
con l'immaginazione, attraversale con la mente.
Passato e futuro diventano presente, e tu sei
l'osservatore imparziale di tutta la storia dell'umanità.
Ora visualizza le gesta delle personalità più importanti
in assoluto: gli esseri che hanno contribuito
più di tutti a plasmare l'umanità. Non importa
l'identità di chi l'ha fatto, o che siano gesta percepite
come negative o positive, e nemmeno che siano nomi
riconducibili a religioni, civiltà o imperi. Conta soltanto
quello che rappresentano per l'umanità: le gesta
e le azioni compiute, il modo in cui hanno dato
una svolta all'evoluzione umana. Visualizza il momento
come se stesse accadendo ora, rivivilo senza giudicare e
senza provare emozioni. Osserva e lascia lavorare
la tua intuizione liberamente.
Adesso pesa con molta attenzione ciò che hai appena
osservato. Valuta cosa è riconducibile all'identità
individuale e cosa segue i Quattro Principi dell'Esistenza.
Focalizzati sul respiro.
Osserva e porta l'attenzione al battito del cuore.

Non ti è dato sapere chi in passato si è davvero comportato in modo altruistico e chi, invece, ha usurpato il ruolo di eroe. Chissà quante persone si sono sacrificate nell'ombra, donando tutto ciò che avevano e perfino la loro stessa vita, perché avevano dei valori in cui credevano fermamente. Questi valori, così astratti e apparentemente insignificanti, hanno permesso a noi di essere qui e di godere della libertà, anche se fragile e parziale. Ma in questo modo la repressione dei malvagi è stata ostacolata, dando un filo di speranza di una vita migliore a ogni essere vivente. Allo stesso modo non ti è dato conoscere chi ha rinunciato a una vita agiata o gloriosa pur di operare una scelta determinante per l'evoluzione del genere umano, consapevole di dover poi vivere in povertà, sofferente, nell'anonimato e nell'indifferenza del mondo ma con lo spirito fiero di chi conosce l'infinita importanza dei valori autentici.

Ovviamente non esiste un essere onnisciente e onnipotente. Nessuno ti dirà mai la verità perché nessuno la conosce. Ma c'è comunque il modo di ringraziare chi ha sacrificato tutto, e non è certo scoprendo il suo nome e cognome per dedicargli una bella statua che gli si renderà giustizia. Risalire alla verità è impossibile, ma il messaggio che i veri eroi hanno voluto trasmetterci può essere racchiuso in poche semplici parole: ama seguendo i Quattro Principi dell'Esistenza. Ecco il modo migliore per ringraziare i veri eroi: seguire questo insegnamento.

La mentalità creativa di questo Percorso ti porta a compiere un balzo oltre i giudizi e le apparenze, per trovare il modo di rendere giustizia a ciò che è successo davvero. Glorificare non significa fare grandi feste, ma dare peso, riconoscere il valore di qualcosa o qualcuno. Tu puoi rendere sostanza al seme che è stato piantato da chi ha aiutato la Creazione all'ombra di chi, in questa vita terrena, se ne è preso i meriti e ha goduto dei suoi frutti.

Tu hai la possibilità di far crescere ancora più forte l'albero della Vita che, come la punta di un iceberg, è rigoglioso nella parte invisibile dell'Universo, per rinnovare i suoi semi di Amore Incondizionato in questa realtà. Puoi riuscirci semplicemente attraverso le tue scelte altruistiche: segui il tuo cuore senza fermarti, non guardare prima ai tuoi interessi ma all'Amore per la Vita che anima il tuo spirito.

L'Entusiasmo

L'Entusiasmo e il Divino

Entusiasmo significa vivere assieme al Divino.

Questo concetto richiama alla mente l'idea di allegria e spiritualità, unite per donare una sensazione di estasi a chi ha la capacità, o la fortuna, di vivere nell'Entusiasmo. È necessario un autentico e definitivo cambiamento di mentalità, perché tu possa essere entusiasta in ogni condizione o situazione che ti si presenta durante il corso della vita. Il problema si evidenzia nel momento in cui ti rendi conto che non basta desiderare questo cambiamento per ottenerlo: stanchezza, sofferenza, rabbia, dolore e tristezza sono solo alcuni degli ostacoli che non ti permetteranno di vivere serenamente nell'Entusiasmo in cui vorresti trovarti sempre.

Adesso ti chiedo di sforzarti di immaginare Dio come un essere sprovvisto di superpoteri e incapace di agire nella materia se non attraverso di te. Lo ameresti allo stesso modo? Se fossi tu a dover salvare Lui, pretenderesti qualcosa in cambio? Pensa alle guerre e agli orrori portati avanti in nome di Dio: credi che sarebbe stato lo stesso, se si fosse saputo che Lui non è in grado di salvare nessuno dall'Inferno né di concedere il Paradiso?

Vivere assieme al Divino non significa avere Dio accanto come un consulente o il risolutore di ogni evento negativo; è esattamente il contrario! Immagina di guardare Dio negli occhi nel momento in cui scopri che Lui ha le tue stesse debolezze, i tuoi infiniti dubbi, le tue immense paure. Se riesci ad amarlo esattamente come quando credevi che soltanto Lui avrebbe potuto aiutarti, stai già vivendo nell'Entusiasmo. Così, diventerai consapevole che tu sei qui per rappresentare Dio davanti all'Universo intero, con le tue capacità potenzialmente illimitate, ma solo se espresse insieme a Lui. Nel momento stesso in cui ti renderai conto di tutto ciò, sarai pervaso da un indescrivibile senso di gratitudine, gioia e invincibilità: questo è l'Entusiasmo di vivere nell'Amore Incondizionato attraverso Dio.

Come riconoscere la bellezza dell'Entusiasmo e
viverla appieno

Quando avrai intuito lo stato di puro Entusiasmo di cui ti ho parlato, non ti resterà che farne esperienza nella vita reale. Ti verrà naturale camminare e interagire con ogni forma di energia che ti salterà in mente, che sia un oggetto, un vegetale, un minerale, un animale o un umano. Saprai comprendere come tutto è composto dallo spirito e potrai relazionarti con ogni forma esistente, sintonizzandoti sulle vibrazioni che la individualizzano, distinguendola, ma non separandola, dal Tutto. Naturalmente non sarebbe impossibile parlare a sassi, piante e animali come fossero esseri umani, ma sarebbe molto più difficile trovare comprensione negli altri, perciò è meglio che le interazioni rimangano sul piano mentale.

In questa frequenza di realtà, potrai vivere nell'Entusiasmo fin dal momento in cui si sarà alleggerito il peso delle tue paure e ritroverai finalmente la tua essenza Vera, scoprendo quanto fosse impossibile vedere con gli occhi creati dall'inganno della mente. Potrai riconoscere la bellezza dell'Universo guardandolo più in profondità, sarà focalizzato solo il tempo presente, per contemplare e ringraziare l'istante eterno che pervade la tua esistenza. Finalmente scoprirai di non essere un individuo, la tua mente sarà riconosciuta per l'illusione che è, e in quel preciso istante comprenderai che tu sei oltre tutte le forme che compongono la Creazione. Vedrai te stesso e tutto il mondo da una prospettiva impersonale, rimanendo al contempo l'artefice delle azioni compiute dal tuo corpo e dalla tua mente. Vivrai felice e in armonia, con la gratitudine per aver saputo cogliere l'opportunità di colorare la Creazione tutta, donandole l'arte che l'Universo ha seminato in te.

Non credere che questo stato di beatitudine sia

accessibile soltanto da chi è molto evoluto, tanto evoluto da aver sviluppato doti e talenti innati. Ovviamente chi è abbastanza saggio da lasciarsi guidare dall'equilibrio e dall'armonia è più avvantaggiato di chi segue gli stati opposti, tuttavia lo spirito è potenzialmente uguale per tutti e chiunque può trasformarsi al momento opportuno. Questa trasformazione è generata da un'apertura mentale verso la consapevolezza autentica, non significa però che il mondo diventi un paradiso per i beati e un inferno per i dannati: i problemi restano, semplicemente cambia il modo di affrontarli e tentare di risolverli.

Ne consegue che gran parte delle persone sente di trovarsi sempre in bilico tra bene e male, dove l'intento puro e la volontà fungono, anche in questo caso, da ago della bilancia.

Prove di giovinezza eterna

Come interagire con la Creazione

La Creazione è parte fondamentale di te e tu puoi modificarla attraverso la mente. A voler essere precisi, non c'è nulla d'immutabile, tutto si modifica seguendo gli incessanti cambiamenti naturali, perciò dobbiamo considerare la Creazione come un fenomeno in eterno e continuo svolgimento; il creato, inteso al senso passato, non esiste più e quindi non ha molto senso parlarne nel presente.

Tutto, dunque, cambia già da sé, ma tu hai la facoltà di guidare e modellare le forme mentre mutano. Per farlo hai innanzitutto bisogno di un intento puro che rispecchi l'Amore Incondizionato; soltanto dopo potrai allenare mente e corpo per acquisire sempre maggiore consapevolezza. Per prima cosa dovrai comprendere che stai facendo, perché lo fai e come puoi raggiungere il tuo scopo: è un po' come studiare la teoria prima di passare ai tentativi pratici.

Esperimento 8

Cerca di dare una definizione di "Creazione".
Focalizzati sul respiro, attrai la tua intuizione pura senza
pensare a schemi logici e razionali.
Assumi il ruolo di tuo osservatore, ascolta

il battito del cuore.

Cosa comprende la Creazione?

Perché è un'azione non finita, ma in svolgimento
nel tempo presente?

In che modo può essere influenzata da te?

Ascolta le risposte cercando di uscire dalla tua identità,
limitati al ruolo di tuo osservatore imparziale.
Focalizza l'attenzione sul respiro.
Osserva, percepisci e comprendi.

In teoria, per la mente tutto è possibile! Questa sola considerazione dovrebbe bastarti per impegnare tutto te stesso nella ricerca della via per controllare la materia. Lo strumento che hai a disposizione è il tuo cervello, che è la più complessa forma di materia conosciuta nell'Universo, e quindi non è poco!

Come avrai già letto da qualche parte, siamo in grado di utilizzare solo una minima porzione del nostro cervello ma, per attivarne le modalità magiche che ci permettono di modificare la materia abbiamo bisogno di accendere più connessioni. Immaginazione e magia, fantasia e intuizione, idea e logica, formule e parole: tutti questi ingredienti sono necessari per plasmare le alchimie giuste che danno vita a connessioni sempre più profonde.

Ovviamente è necessaria tanta energia per fondere e unire indissolubilmente le nuove creazioni: energia fatta della tua volontà e del tuo intento puro.

Esperimento 9

Focalizzati sul respiro, ascolta i battiti del tuo cuore.
Adesso vesti i panni del tuo osservatore,
colui che ti ama senza giudicare
e senza avere aspettativa alcuna.
Stendi un breve elenco delle cose più belle tra tutte
quelle che ti è possibile fare attraverso il cervello.
Non pensarci troppo, scrivi le prime
che ti vengono in mente.

Ora considera che l'essere umano utilizza
solo una minima parte del suo organo pensante
e rileggi la tua lista.
Sai di avere a disposizione uno strumento
davvero potentissimo e straordinario, comprendi
attraverso la tua intuizione pura come puoi utilizzarlo
al meglio usando tutta l'immaginazione che ti arriva
in questo momento.
Visualizza le due metà del tuo cervello e, con la mente,
crea un ponte di connessioni che le unisce.
Visualizza questa unione.
Lascia che il numero di connessioni neurali
sia libero di aumentare. Focalizzati sull'intento puro
che ti anima in questo attimo di eternità.
Osserva, percepisci e comprendi.

Esperimento extra

Per continuare con la giusta energia rispondi
a queste tre domande.

Che sto facendo?

Perché lo faccio?

Come posso raggiungere il mio scopo?

Ora focalizzati sul respiro e mettiti nei panni
del tuo osservatore. Attraverso l'intuizione pura aiutati
a rispondere alle tre domande. Rimani focalizzato
nell'attimo presente, cerca le eventuali differenze

tra le risposte senza suggerimenti e le risposte
con l'aiuto del tuo osservatore.
Osserva le risposte, considerando se sono più influenzate
dai Quattro Principi dell'Esistenza o dall'identità.
Non giudicare le risposte, focalizzati sul respiro
e ascolta il tuo cuore, comprendi il significato profondo
seguendo la tua intuizione pura.
Osserva e comprendi.

Quando è libero, il cervello può essere allenato e
organizzato per raggiungere obiettivi apparentemente
impossibili; adesso è addomesticato alle limitanti abitudini
della mente e i tuoi cinque sensi percepiscono
coscientemente solo ciò che la mente riconosce in modo

abituale.

Gli esperimenti che trovi nella Guida essenziale per il viaggio della vita ti aiutano a realizzare le alchimie necessarie a un'apertura verso la conoscenza, che a sua volta si traduce in consapevolezza. **Quando esegui gli esperimenti, lo stai facendo insieme alla Guida, che non è riconducibile all'identità del suo autore, ma a un osservatore assolutamente neutro e imparziale, che è interpretato proprio da te.** In questo modo puoi immaginare di trascendere lo spazio e il tempo, immaginare di creare e manipolare la materia, immaginare di essere cosciente del Tutto contemporaneamente. Qualsiasi cosa da te immaginata, può essere realizzata dal cervello grazie alle alchimie che si creano con il tuo lavoro insieme a quello dell'osservatore imparziale.

Ovviamente non si tratta di un compito facile, ma metti in pratica ciò che ti suggerisce l'intuito e prova a raggiungere i confini della mente, per poi oltrepassarli.

Come ti ho detto, anche negli altri manuali avrai modo di avvicinarti agli esercizi pratici, che ti liberano dalla mente e ti avvicinano all'interazione con energie normalmente impercettibili. Esistono innumerevoli metodi per raggiungere questo traguardo e tu devi fare tutte le prove che ti senti, cercando di interpretare i messaggi che ricevi dalla tua intuizione pura. Tutto dipende dalla tua volontà e dall'intento puro: devi allenarti e tentare, sforzarti e ritentare, usa la tua immensa forza di volontà senza mai demoralizzarti. Non esistono insuccessi, finché non decidi di arrenderti!

All'inizio potrebbe esserti d'aiuto interagire attraverso il ringraziamento, la preghiera o alcuni rituali rappresentativi. Ad esempio, puoi ringraziare e benedire l'acqua con la quale ti lavi per purificare i tuoi corpi, oppure **pregare per ascoltare le parole che arrivano dalle tue intuizioni del momento presente.** Se ti senti più a tuo agio, puoi utilizzare candele, oggetti sacri e benedetti o qualsiasi altra cosa possa infonderti sicurezza. In verità, ogni stratagemma che usi per favorire le vibrazioni di energie e per dare entusiasmo al tuo spirito è solo uno strumento per renderti più sicuro dei tuoi mezzi, e percepire ma soprattutto comprendere le intuizioni pure.

Esperimento 10

Trova un luogo in cui ti senti perfettamente a tuo agio.
Può essere all'interno di casa tua, oppure fuori,
al parco o un angolo della tua città. L'importante
è che quel determinato posto abbia per te
un significato particolare, lo puoi capire focalizzando
l'attenzione sui cambiamenti vibrazionali di energie.
Le vibrazioni sono forme di energie piccolissime,
quindi impossibili da percepire quando i sensi del corpo
fisico non sono predisposti alla consapevolezza.
Sarebbe come pretendere di essere un campione
in una disciplina sportiva, senza mai fare allenamento:
il talento da solo non basta a raggiungere i livelli migliori.
Una volta che hai scelto il tuo luogo, recatici spesso,
mentre sei lì prova a entrare nelle varie dimensioni
attraverso uno dei metodi che trovi nella Guida,
quindi anche in qualità di tuo osservatore imparziale.
Ovviamente, se il luogo non dovesse essere
estremamente intimo e appartato, dovrai eseguire
l'esperimento a livello mentale: nessun altro, all'infuori
di te nel ruolo di tuo osservatore, deve partecipare
in alcun modo ai tuoi esperimenti.
Questo è necessario altrimenti introdurresti
inevitabilmente in te energie inconsapevoli, estranee al
tuo Percorso, ostacolandone l'evoluzione nella sua forma
migliore. È possibile avere interazioni con gli altri perfino
durante gli esperimenti, basta restare
concentrati e dividere l'attenzione senza mescolare
le percezioni e gli scambi di energie.
Sperimenta le sensazioni che provi in quel luogo,
osserva, contempla, ringrazia.
Come sai, non ci sono regole rigide in questa Guida,
perciò niente ti impedisce di provare luoghi diversi. Segui

sempre le tue intuizioni, impara a comprenderle senza farti condizionare da agenti esterni.

Puoi preparare il tuo corpo e la tua mente con meditazioni, contemplazioni, trance dance, approcci di arte per evadere dalla forma o altro: esistono moltissimi metodi dalle origini antichissime da cui prendere spunto. Ricorda, però, che ogni metodo funziona bene solo quando utilizzi la tua creatività, senza limitarti a copiare passivamente.

Personalmente, mi sono approcciato alla trance dance molto prima di venire a sapere che esistesse già: in un certo senso, il mio intuito mi ha portato a riscoprire questo metodo meditativo, già noto in antichità. Mi è capitata la stessa cosa anche con altre intuizioni, che mi erano ignote, ma che l'Uomo aveva scoperto molto prima della mia nascita: si tratta del riemergere della memoria collettiva dell'essere umano, che conserva traccia di ogni scoperta e avvenimento essenziale per la nostra sopravvivenza e per la nostra evoluzione.

Per seguire al meglio questo lavoro di ri-scoperta è necessario che i tuoi corpi si purifichino da stress e abitudini negative, e per questo ci vuole tempo: più energie dedicherai a tale processo, meglio ti verrà, più o meno come quando ci si allena in palestra. Non dimenticare mai, infine, di restare sempre in equilibrio e armonia: gli estremi scompensano troppo.

Che i tuoi siano riti, esercizi o quant'altro, non conta la loro complessità, ma la misura in cui riesci a percepire le altre realtà e a interagire con esse attraverso l'intento e l'intuito. Quando ti senti leggero e libero, anche il tuo allenamento ha effetti profondi sulla Coscienza Universale.

Ecco un esercizio da cui potresti prendere spunto.

Esperimento 11

Focalizzati sul tuo respiro e ascolta il battito del cuore.
Visualizza la tua immagine davanti allo specchio.
Adesso sei il tuo osservatore, guarda la tua immagine
e percepisci le energie che ti arrivano.
Immagina che il tuo corpo rappresenti il sistema
societario ideale, in cui ogni organo (= forma esistente) è
libero e rispettato. Trasmetti telepaticamente le nuove
regole di governo a ogni "reparto" della società
perfetta che stai creando in te stesso.
Stabilisci il motivo e le modalità per le quali ogni zona
deve rispettare i nuovi limiti e collaborare con tutte
le altre, senza tralasciare nessun aspetto della gestione.
Ad esempio, il sacrificio di qualcuno può essere
un bene per il resto della comunità: le cellule della nostra

pelle non muoiono forse ogni giorno per lasciare posto ad
altre più giovani e resistenti,
in grado di proteggerci meglio?

Prenditi tutto il tempo che vuoi e organizza
la tua società corporea in ogni minimo dettaglio.
Ti servirà per superare le debolezze e ottenere la totale
redenzione, che è indispensabile per raggiungere
i più alti obiettivi del Percorso.
Osserva, percepisci e comprendi.

Mentre esegui gli esperimenti, devi mantenerti neutro e
imparziale immedesimandoti nel ruolo del tuo osservatore.
In questo modo puoi essere in una condizione di
incorruttibilità verso vizi e debolezze, di coraggio
nell'affrontare le paure, nonché di risolutezza
nell'affrontare dubbi e incertezze.

Energie molto potenti sanno perfettamente che tu rappresenti un grave pericolo per l'illusione della lotta tra bene e male: più ti addentri nel profondo e meno le forme di pensiero diffuse da un estremo all'altro dell'Universo, soprattutto quelle più evolute, saranno disposte ad accettare i cambiamenti che avverranno con le alchimie plasmate anche da te. In un tempo brevissimo dovrai allora scontrarti con una delle illusioni più potenti in assoluto: **le eggregore**, forme pensiero ingigantite a dismisura da menti inconsapevoli e usate innumerevoli volte a discapito della collettività.

Le eggregore sviluppano nel tempo un potere pressoché infinito, difficile anche solo da immaginare: assimilano l'inconsapevolezza di moltissimi esseri, quindi un'enorme quantità di menti moltiplicata per il tempo delle loro vite. Questa energia viene trasformata in ego ai massimi livelli: **le eggregore sono paragonabili ai buchi neri nell'Universo.** Hanno un potere di attrazione eccezionale, impossibile sfuggire quando ci si avvicina troppo.

I tantissimi sventurati, ma soprattutto inconsapevoli, che cadono nei vortici creati da questi buchi neri, finiscono per fare scelte fortemente condizionate dalla lotta illusoria tra bene e male, alimentando gli schemi mentali che estremizzano il concetto di identità: gerarchie, competitività e opportunismo sono solo alcuni esempi. Questo conduce gli esseri viventi a non rispettarsi e a non comprendersi: il contrario dei Quattro Principi dell'Esistenza. Così si moltiplicano a dismisura anche le lotte per la sola sopravvivenza, soffocando il talento creativo di cui ogni essere davvero libero è potenzialmente dotato. Questa subdola schiavitù è favorita proprio da chi arriva più in alto: facendo credere ai popoli di avere dei superpoteri e la conoscenza assoluta, con dimostrazioni molto appariscenti che sembrano miracoli, tengono sotto scacco le fragili menti di chi si affida alla speranza, ma di fatto per l'umanità è sempre la stessa storia fatta di stenti e oppressioni.

Un esempio sono i personaggi simbolo delle religioni, che hanno acquisito un potere pseudo spirituale incredibile. Affrontarli è molto più che una sfida e un essere umano comune ne sarebbe annientato all'istante, perché la lotta è uno dei campi dimensionali che danno forza alle inconsapevolezze.

Ecco perché è tanto importante sapere come liberarsi dall'intricatissimo labirinto costruito dalla mente, e tu sei in grado di farlo!

Esperimento 12

Focalizzati sul respiro, ascolta l'intuizione pura attraverso il
battito del cuore. Guardati allo specchio senza
concentrarti su alcun particolare della tua immagine.
Immedesimati nel ruolo di tuo osservatore. Fai un dolce
sorriso, appena accennato, contempla le sfumature
di luce che vedi riflesse nello specchio.
Il tuo corpo è luce, simile a un ologramma.
La tua mente può manipolare il riflesso che s'immerge
nella piccolissima porzione di materia che costituisce
la luce olografica: inserisci questi dati nella tua
coscienza e tienili in memoria.
Visualizza i cambiamenti che vuoi ottenere, senza
chiedere o sperare che essi si manifestino
immediatamente perché, oltre che inutile, sarebbe
dannoso: significherebbe che scegli di metterti
nelle mani della prima energia sconosciuta che trovi
in quel momento, invece che fidarti di te.
Sei il tuo osservatore adesso, non senti nessun bisogno
e non hai nessuna incertezza.
Guarda semplicemente nello specchio e visualizza
il tuo corpo come se i cambiamenti fossero già avvenuti.
Trasmetti bellezza, purezza, dolcezza e tutte
le attenzioni per proteggere, contemplare e gratificare
il tuo corpo, la tua mente e il tuo spirito che anima

la tua individualità.
Potresti provare questo esperimento anche
nei confronti di chi ami davvero, l'essenziale è
che sia eseguito completamente nei Quattro Principi
dell'Esistenza. Inoltre la persona amata dovrebbe
essere in completa sintonia con te. In altre parole,
non è impossibile ma è molto difficile.

Invertire il processo d'invecchiamento

Adesso cominceremo una missione di estrema importanza!

Sicuramente hai ben presente il classico ideale di felicità: essere giovani, belli, sani e forti per l'eternità. Facendo i conti con lo scorrere del tempo, la mente crede che si tratti di un'opportunità impossibile da realizzare sul fragilissimo corpo fisico di cui disponiamo.

Ma considera che la materia, rispetto al vuoto, rappresenta una piccolissima percentuale dell'Universo, considera che le dimensioni sono praticamente infinite e che il tempo non esiste. Secondo questi nuovi parametri **puoi cambiare frequenza di percezione della realtà, entrando direttamente in dimensioni in cui la mente è molto più influente della materia**. E siccome la mente crea illusioni che il cervello percepisce come realistiche, il gioco è fatto!

Immagina che il tuo corpo sia un ologramma: la tua mente è il computer che lo genera e che, proprio per questo, può modificarlo.

Esperimento 13

Focalizzati sul respiro, mettiti davanti a uno specchio
e guarda il riflesso dei tuoi occhi da vicino,
ascolta l'intuizione pura.
Adesso vesti i panni del tuo osservatore, contempla
i tuoi occhi, guardali senza pensare a nient'altro,
come se i tuoi occhi fossero la più bella opera d'arte
dell'Universo. Comprendi che in effetti è davvero così,
contemplali senza giudizio e senza aspettative.
Guarda il tuo viso e i tuoi occhi a lungo, mettendoci tutta
l'intensità e tutto l'entusiasmo del tuo cuore,
colmo di passione per l'infinita bellezza

interiore che avverti.
A un certo punto, senti una nuova vibrazione, ti accorgi di
non guardare più con i tuoi occhi fisici,
ma attraverso quelli interiori.
Guardati allora allo specchio con questi occhi diversi,
sempre più belli, sempre più intensi e profondi.
Percepisci il tuo corpo e il tuo viso e immagina
che siano un ologramma. Adesso puoi plasmarne
la bellezza pura, donando al tuo viso la giovinezza
che il tuo entusiasmo riconosce in te.
Osserva il tuo viso cambiare forma e ringiovanire,
riflettendo la bellezza della Creazione.

Non chiedere nulla, non desiderare, non pretendere, non farti delle aspettative. Devi penetrare con la tua coscienza nelle dimensioni profonde e sottili, dove puoi plasmare la Creazione attraverso la proto coscienza. Facendo questo con autentico entusiasmo e gratitudine, è possibile captare gli effetti mentre si riflettono anche in questa realtà fisica.

Questo processo non funziona solo con il ringiovanimento. Potresti essere perfino in grado di rigenerare le cellule e modificare il tuo DNA. Considera che quello che si può fare con un computer si può ottenere anche con il tuo corpo: basta inserire il "programma" adatto, e il cervello sarà in grado di creare qualsiasi cosa.

Cerca perciò di rimanere sempre presente alla tua vera essenza, che è oltre l'inganno della mente, senza lasciarti distrarre dall'illusione del gioco duale che deriva dall'individualità.

Conclusioni

Il Luogo dove possiamo ritrovarci tutti insieme

Il cambiamento sta arrivando.

Quante volte questa frase è stata ripetuta nel corso dei secoli? Negarlo sarebbe impossibile. Niente e nessuno in questa realtà può rimanere immutato per più di un istante, tutto si trasforma incessantemente, sempre. Il problema è che questo cambiamento avviene in modo inconsapevole, senza un intento comune per creare la realtà oggettiva che permetterebbe a tutti gli esseri viventi di vivere liberamente le proprie scelte.

È vero che nessuno possiede la bacchetta magica della saggia conoscenza universale, ma tutti insieme abbiamo realmente la possibilità di realizzare l'utopia della risoluzione del problema individuato dalla mente, ma che la mente non può risolvere. Basterebbe seguire il cuore, diciamo, ma ognuno lo fa a modo proprio, e molto spesso in maniera impropria. Il Percorso di ognuno non è percepito dall'individuo come unico e inequivocabile perché, per sopravvivere, la mente tende infinite trappole che, di fatto, favoriscono le abitudini e gli automatismi tanto benedetti dai potenti. Invece ogni essere vivente è un'alchimia unica e irripetibile: ha talenti e qualità che non sono mai del tutto simili a quelli degli altri. Questo significa che non può essere cosa buona e giusta manipolare i popoli per poterli controllare e sfruttare al meglio, facendo credere loro di aver bisogno di una guida per poter vivere in una società. Non è un caso che religione e politica dividano anziché unire. Sono esse stesse il problema e non una soluzione, per questo non possiamo farci affidamento.

Questi manuali sono stati creati grazie alle mie ricerche, ma ciò non mi rende un essere perfetto o migliore degli altri. Considerando i doni che ho ricevuto dall'Universo, questi testi possono diventare un punto di ritrovo da cui tutti possiamo partire per raggiungere un obiettivo, ma che non sia il solito obiettivo comune che ha fallito già tante volte.

La strada che faremo assieme porta verso l'anarchia consapevole, dove ognuno ha il diritto di fare liberamente le proprie scelte, perché siamo tutti diversi e nessuno è migliore di un altro. Tutto dipende dalle scelte che si operano, perciò è fondamentale che si possa vivere in un mondo che ci dia la possibilità di creare seguendo i nostri talenti, senza essere condizionati da una realtà oggettiva fortemente inquinata dall'inconsapevolezza di tanti.

In questo momento un'umanità in uno stato di pura anarchia sarebbe destinata all'autodistruzione, perché pochissime persone hanno una vera possibilità di poter ritrovare le basi necessarie per non avere bisogno di una guida. In pratica, la maggioranza degli individui è simile ai bambini, che piangono per nulla e non sanno cosa vogliono; anche i potenti sono così, solo che assomigliano ai bulletti che a scuola fanno piangere gli altri. Per questo l'anarchia da sola non è sufficiente, ma ognuno deve essere consapevole della sua forza interiore per riflettere nella realtà oggettiva l'equilibrio e l'armonia che regnano nella sua realtà soggettiva.

Tutto il resto che verrà è la semplice bellezza del creare insieme, senza regole rigide e senza programmare nulla. Ogni essere vivente esisterà in un mondo in cui tutti osservano i Quattro Principi dell'Esistenza: Rispetto, Comprensione, Empatia e Compassione. Immaginalo e la tua magia starà già prendendo forma.

Chiudiamo il terzo manuale proiettandoti direttamente verso il quarto e ultimo volume della Guida con l'ultimo esperimento.

Ultimo Esperimento

Focalizzati sul respiro, portando l'attenzione
anche sul battito del cuore.
Sposta la frequenza di realtà, diventando il tuo
osservatore dall'intento puro. Cerca attraverso
l'intuizione il tuo modo per interagire con le energie
normalmente impercettibili.
In qualità di osservatore imparziale e privo
di identificazione nell'individualità, non ti importa
se finora non hai avuto riscontri tangibili, agisci
semplicemente in una sorta di anarchia consapevole,
dove tu rappresenti l'intera Creazione e, semplicemente,
la ami, così come ti ami incondizionatamente.
Non giudichi, non hai aspettative, tu sei colui
che nell'Eterno Adesso manifesta l'Universo nel modo

in cui lo vivi. Puoi esistere in una realtà sempre
più consapevole, trasmettendo questa conoscenza
ai tuoi corpi e, di riflesso, a chi sceglie
liberamente di essere.
Tu sei meraviglioso Amore Incondizionato: non devi
riprenderti quello che ti appartiene, perché ciò
che sei si può solo donare. Visualizza la tua essenza,
percepisci la frequenza di vibrazioni che attrai e,
con le alchimie di vibrazioni che si plasmano in questo
stesso istante, crea consapevolmente forme
di pensiero fatte di Amore Autentico e di Libertà.
Ora unisciti a loro, perché tu sei tutte quelle forme
pensiero, e lasciale libere di amare il mondo,
amandosi nel mondo. Lasciati libero di amare il mondo,
amandoti nel mondo.
Osserva, percepisci e comprendi.

FAQ

Esistono il Paradiso e l'Inferno?

Ovviamente no!

Quest'affermazione si fonda su un profondo ragionamento logico e privo di condizionamenti, non tenendo in considerazione che, a livello teorico, nulla è sicuro e perciò sarebbe possibile ipotizzare tutte le varianti del caso che la mente ti suggerisce.

L'idea del Paradiso come premio e dell'Inferno come condanna per le azioni compiute dall'Uomo durante la sua esistenza è molto importante, perché funziona un po' come una bugia a fin di bene: comportati bene e verrai ricompensato con un Oltre vita piacevole e armonioso. Comportati male e soffrirai in eterno. Che Paradiso e Inferno esistano davvero o siano come i mostri appostati sotto il letto, il loro mito è comunque uno sprone per agire nel modo giusto. Tuttavia, solo la Libertà può renderti Vero, perciò l'inganno, anche quello a fin di bene, costituisce pur sempre un confine che ti imprigiona nell'illusione e nella sofferenza.

L'Inferno è uno strumento molto potente, capace di impaurire e influenzare le persone con una semplicità disarmante a causa dell'ignoranza che dilaga in assenza di un'introspezione profonda. Ancora oggi moltissimi individui sono terrorizzati dall'idea di passare l'eternità in preda ad atroci dolori, e finiscono per conformarsi alle idee altrui, invece che pensare con la loro testa. Per creare questa situazione è sufficiente teorizzare leggi impossibili da rispettare e mettere a guardia dell'umanità un essere onnipotente e onnipresente, completamente fittizio, creato a immagine e somiglianza dell'Uomo.

Per controbilanciare la minaccia dell'Inferno con un premio adeguato, la mente umana accetta serenamente anche l'esistenza di un opposto complementare: il Paradiso. Anche in questo caso la fantasia è l'unico limite a quello che in questo luogo di beatitudine si può fare e ricevere. Infine, siccome le ipotesi di Oltre vita passavano da un estremo all'altro – e nessuno di noi è in grado di conformarsi pienamente a una di esse – la mente ha elaborato l'esistenza di una via di mezzo che fosse in grado di conciliare lo strano miscuglio di bene e male di cui sembriamo essere fatti: il Purgatorio.

È comprensibile che, nel dubbio dell'ignoto, si possano accettare queste condizioni, ma adesso proviamo a fare un ragionamento diverso. Ammettiamo per un momento l'esistenza del Paradiso e ipotizziamo che una persona deceduta a circa ottant'anni vi sia ammessa. Questa persona si trova, quindi, con le sembianze del momento in cui è deceduta, ma non sarebbe il Paradiso se si fosse obbligati a vivere l'eternità da ottantenne. In questo caso Paradiso e Inferno dovrebbero ospitare solo anziani, per non parlare delle condizioni in cui si trova il corpo di chi muore per una malattia degenerativa o in un incidente.

È evidente che il corpo dopo la Morte è una proiezione mentale o qualcosa di simile, sempre ammesso che ci sia qualcosa oltre la Vita. Quindi la persona del nostro esempio che è morta a ottant'anni, vorrà trascorrere l'eternità nel Paradiso con le sembianze che crede migliori: quando, insomma, era più bello, più giovane, più forte, più sano e più felice.

Allo stesso modo egli vorrà essere attorniato per l'eternità dai suoi cari nell'immagine migliore che, sempre secondo la sua percezione, conserva di loro: un nonno anziano e sorridente, due genitori sicuri e felici, una moglie giovane e bella, dei figli piccoli e adorabili. Ora però, anche il padre, il nonno e il figlio vorranno trascorrere l'eternità secondo parametri di felicità simili: tutti in Paradiso godono dello stesso diritto di trascorrere felicemente l'eternità. Si ritrovano, quindi, al meglio della loro forma secondo la loro percezione, attorniati dai propri cari, con le sembianze e le caratteristiche che, ciascuno a modo suo, percepiscono come le migliori possibili.

Hai individuato il paradosso?

La realtà è oggettiva o soggettiva?

In una parola, entrambe!

Possiamo paragonare la realtà a un film, che sembra uno scorrimento fluido di immagini in movimento, ma che invece è formato da moltissimi fotogrammi che si succedono a una determinata velocità. Ognuno di noi percepisce questi fotogrammi di realtà alla velocità data da caratteristiche innate, che si evolvono e sviluppano durante l'esistenza. Da ciò consegue che ogni individuo ha una propria frequenza vibrazionale e percepisce una realtà soggettiva, che presenta sfumature uniche e in costante adattamento al livello evolutivo della sua coscienza.

La somma delle realtà soggettive di tutti gli esseri viventi si manifesta nella realtà oggettiva riconosciuta e vissuta da ognuno, ma con la differenza che ciascuno sperimenta quest'ultima dalla propria prospettiva. Ogni visione della realtà, perciò, è potenzialmente inattaccabile, perché qualsiasi controversia potrebbe essere contestata o catalogata nelle intricatissime vie dei labirinti mentali: schemi fatti di logica razionalità, ma che spesso sono condizionati dalla mancanza di un'autentica conoscenza e anche di sensibilità verso le teorie non condivise. In effetti, sembra inutile contestare i punti di vista; ai due lati opposti di un tavolo una persona può vedere un nove e l'altra un sei, avrebbero entrambe ragione.

Quindi la realtà prima è quella soggettiva, che plasma la realtà oggettiva e consente così di vivere nelle dimensioni delle forme. Ovviamente è un meccanismo che appare troppo vasto e complesso, le forze in gioco sono tante e contrastanti, così non sembra che una o poche menti possano davvero controllare la realtà oggettiva, tuttavia non è impossibile.

Il punto fondamentale della questione non è comprendere la tecnica di montaggio di questi fotogrammi di realtà, ma sapere da dove arrivano. Le immagini sono i pensieri stessi, cui viene data forma e sostanza nella realtà oggettiva. È cosi che la coscienza collettiva crea il fiume di pensieri che scorre incessantemente e da cui la mente pesca quelli che diverranno forme, vale a dire si assoceranno alle immagini e verranno interpretati: ciascuno di noi fa scorrere i pensieri secondo la frequenza vibrazionale che riconosce, trasformandoli nella realtà in cui si vive in modo soggettivo.

Chi o che cosa crea i pensieri?

È una domanda che si presta a diverse interpretazioni.

La mente non è in grado di creare da sola, ma può riuscirci attraverso l'esperienza della vita fisica. Di conseguenza, grazie al solo fatto di sperimentare la rende in grado di creare pensieri e immaginare alchimie nuove.

Qui siamo davanti a una sorta di Big Bang della mente: non è ancora dato sapere con certezza se essa si sia sviluppata da sola o se esista un pensatore oltre la mente. Per il momento la scienza ufficiale non ha ancora accertato se quello che percepiamo accade solo dentro la nostra testa oppure anche fuori di essa, e questo è di un'importanza fondamentale, perché sancisce il reale potere dell'essere umano. Se tutto accadesse fuori dalla nostra mente, infatti, il suo potenziale sarebbe limitato, perché essa potrebbe comunque interagire nel suo piccolo con le energie dell'Universo, ma rimarrebbe vincolata alle leggi della fisica. Se invece tutto accadesse al suo interno... be', si potrebbe modificare persino la realtà esterna al nostro corpo!

In ogni caso la mente resta lo strumento più potente da noi conosciuto e i suoi margini di miglioramento sono potenzialmente infiniti. Del resto, essa ce l'ha pienamente dimostrato, nascondendo tra i suoi infiniti labirinti l'Amore Incondizionato, scambiandolo con quello egoistico e lasciando così l'umanità intrappolata e schiava nell'Inferno creato dalla mente stessa.

Ora hai la grande opportunità di essere finalmente Libero: modificare la realtà oggettiva attraverso la tua consapevolezza, perché la mente appare troppo piccola rispetto all'immensità dell'Universo, ma in verità non si tratta di una mera questione di misure e potenza. Tutto è determinato dall'intensità della tua forza di volontà e dalla costante focalizzazione sull'intento puro, necessario per seguire i Quattro Principi dell'Esistenza. Senza un aiuto, tu non puoi rispondere a tutti i tuoi dubbi e conoscere i misteri profondi ma, per fortuna, c'è qualcuno che non ti abbandona mai: in qualunque momento puoi farti sostenere e aiutare dall'unico essere che ne sa più di te, ti basta vestire i panni del tuo osservatore imparziale, e seguire consapevolmente le sue intuizioni pure.

E, nel quarto manuale del Percorso...

Vivere il Percorso di Consapevolezza nella linearità
Come applicare i Quattro Principi dell'Esistenza
alla vita di tutti i giorni

Il Tempo è un luogo
Come interagire con le altre dimensioni

Il Sigillo di Consapevolezza e Libertà
Per plasmare nuove alchimie insieme alla Guida

E ancora: conoscersi per esistere – dove quando come, l'alchimia naturale, creare i tuoi esperimenti personali per continuare la tua Rivoluzione di Luce!

Guida essenziale per il viaggio della vita

Quarto volume

Essere consapevole

Il sigillo del tuo universo

Introduzione

A te, che sei Amore, con infinito affetto e l'augurio sincero di una felice vita.

Ho voluto iniziare il quarto e ultimo manuale di questo corso di consapevolezza con una delle frasi che solitamente scrivo come dedica sui libri che firmo – sostituendo il tuo nome con Amore, che è la parola più adatta per farlo: in questo modo ho idealmente firmato e consegnato la copia che stai leggendo. Non si tratta di una firma a nome dell'autore ma della Guida. Io sono Sandro Napolitano, un nome come tanti, una persona con pregi e difetti come tutti. L'identità della persona è certamente importante, ma non va confusa con quello che non è: io non sono la tua guida, né il tuo guru né tantomeno il tuo salvatore. Semplicemente ci siamo incontrati su un cammino che percorriamo insieme, per una parte, condividendo per un periodo emozioni e sensazioni che potrebbero donarci qualcosa di estremamente bello e importante, a noi due ma anche a tutti coloro che sapranno coglierne i frutti.

Tutto quello che riesco a trasmetterti in qualità di autore è il frutto di un lavoro di gruppo: non un impegno tra me e te, ma con l'intero Universo, che in questo caso è il tuo Universo, quello visto dalla tua prospettiva, cui prende parte anche Sandro Napolitano. La Guida stessa è il frutto di un lavoro tra l'autore e il suo Universo, visto dalla sua prospettiva.

Un dono che non arriva da una singola persona ma dalla Creazione tutta: adesso ti appartiene, abbine cura perché è uno strumento in grado di dare accesso a realtà infinitamente profonde, dipende soltanto da come lo utilizzi.

Quello che stai leggendo è il quarto volume della Guida essenziale per il viaggio della vita, che sancisce il tuo approdo al porto della conoscenza delle basi della consapevolezza autentica.

Alla fine di queste pagine troverai un attestato da compilare a tuo nome, in segno di gratitudine per l'entusiasmo che doni all'Universo.

A sancire questo traguardo c'è l'insegnante più in gamba che potesse mai capitarti: il tuo osservatore. Non esiste nessuno che ti conosce e ti comprende meglio, e che può consegnarti questo diploma, che non è soltanto un attestato di partecipazione a un corso di consapevolezza, ma un autentico sigillo: un portale in grado di connettere all'intera creazione le alchimie che plasmi insieme a questa Guida, interagendo con il Tutto in questo stesso istante.

Chi altri potrebbe essere il tuo osservatore se non te stesso? La tua nuova consapevolezza ti fa comprendere ciò che prima d'ora sembrava un mistero: una volta assimilate le conoscenze di tutti e quattro i manuali, puoi vivere finalmente senza condizionamenti. Trovandoti in questo nuovo stato di semi libertà, puoi renderti conto di quante cose non facevi prima, mentre adesso cominci a sentire che hai un potenziale illimitato. Questo significa che la tua vita non è solo cercare un posto in cui ripararsi e sopravvivere, ma è una magica esperienza tutta da scoprire della quale sei l'unico esploratore. C'è lo spazio infinito che aspetta proprio te, è questo il tuo tempo presente, dove puoi viaggiare e comprendere. Sei nel posto giusto al momento giusto, hai fatto un'ottima scelta! E non mi riferisco a questo libro, ma alla tua decisione: la scelta di essere consapevole di chi sei e cosa puoi fare, adesso.

Iniziare il Percorso di consapevolezza

Cominciamo il quarto manuale, che conclude la prima fase del Percorso di consapevolezza, chiarendo ulteriormente le importantissime informazioni che hai ricevuto finora. **Questa prima fase del Percorso determina l'apprendimento delle basi fondamentali di un'evoluzione unica e vincente verso la consapevolezza**. Vincente è una parola che rende l'idea del concetto che desidero esprimere, tuttavia non è del tutto adeguata alla mentalità con cui sono scritti questi manuali, perché anche la competizione – e quindi il concetto di vittoria o sconfitta – è un'illusione dell'ego.

Considera sempre che lo stile di questi manuali è semplice e intuitivo, e per comprenderlo non devi farti intrappolare dai meccanismi mentali che, contorti come sono, possono facilmente farti smarrire nella stessa confusione che imprigiona l'essere umano. I manuali contengono informazioni e numerosi esempi di come puoi impostare e personalizzare il tuo Percorso; il loro scopo è

377

di aiutarti a ritrovare te stesso e presentarti le tue incredibili potenzialità affinché tu possa creare la Bellezza in assoluta libertà. Tu hai bisogno di ritrovarti, perché ora non sai esattamente chi sei, dove sei e cosa fai: ti limiti a sopravvivere finché è possibile. È un atteggiamento comprensibile, ma tu non sei qui per libera scelta e questo dovrebbe farti riflettere, invece che indurti ad accontentarti di ciò che hai e percepisci. Sappi che qui non si fa propaganda: io non intendo esaltarti rivelandoti i tuoi superpoteri nascosti. Sei dotato di potenzialità infinite, ma esprimerle nella realtà dipende solo da te.

Come avrai notato, questo Percorso non ha regole rigide e ogni suo passo è una tua responsabilità! In questo modo controbilanciamo gli inimitabili esempi di perfezione che la società ci impone in realtà difficili come quella in cui viviamo. Puoi rendertene conto prestando attenzione alle pubblicità o riflettendo sulle entità inventate dalle religioni: si tratta di vere e proprie manipolazioni mentali create per imprigionare il popolo, sfruttando il suo senso di inferiorità di modo da non perdere il controllo su di esso. Un conto è aiutare la società a organizzarsi perché tutti possano vivere meglio, un altro è guidare un popolo per sfruttarlo a proprio vantaggio! Come la storia insegna, la maggior parte delle persone desidera che una situazione che dona loro un senso di stabilità e sicurezza non cambi, anche se la stessa situazione è fonte di sofferenza per qualcun altro. Non vivremo mai in una società in cui ogni individuo è libero e sereno se non cambiamo atteggiamento.

Si rivela dunque necessario un cambiamento di mentalità, ma prima ancora occorre fare chiarezza su cosa s'intenda per cambiamento. Nessun essere è uguale all'altro e non esiste alcuna divinità da cui trarre esempio: quella del cambiamento rimane inevitabilmente una direzione incerta e, in fin dei conti, quello che per Tizio è il Percorso evolutivo migliore probabilmente non lo è per Caio. Se sembra impossibile realizzare un mondo privo d'ingiustizie, dove tutti siano liberi, è solo perché crediamo che sia necessario cambiare le persone, condizionate da regole e programmi che non hanno ideato ma che vengono loro imposti, e che perciò agiscono contrariamente alla propria natura profonda.

La via evolutiva da percorrere, quindi, non è rintracciabile sul Percorso di un'unica società dove credo e usanze siano uguali per tutti, ma l'esatto contrario: l'anarchia consapevole. Con il tuo Percorso di consapevolezza evolutiva stai creando un'umanità in cui ognuno è indipendente eppure vive serenamente insieme a tutti gli altri esseri viventi dell'Universo.

Come puoi agire per contribuire concretamente a creare una società mondiale talmente evoluta da vivere in pace e serenità senza essere guidata da nessuno? Devi lavorare in profondità, molto in profondità.

La società è composta dalle persone, forme composte – al livello più profondo conosciuto – da vibrazioni. È dunque **sulla scala delle vibrazioni**, dove la mente agisce attraverso il pensiero, che **puoi effettuare il cambiamento non solo per te stesso ma per tutti gli esseri viventi**. I Quattro Principi dell'Esistenza servono a questo: sono indispensabili a livello subatomico per creare la pura Bellezza senza malvagità e ingiustizie, perché priva di egoismo.

Vivere seguendo i Quattro Principi dell'Esistenza – Rispetto, Comprensione, Empatia e Compassione – significa sintonizzarsi sulla frequenza di realtà ottimale per interagire con energie normalmente impercettibili. Non esiste un'unica modalità per applicare alla propria vita questi Principi, l'essenziale è seguirli con tutta la Volontà e l'Intento Puro di cui siamo capaci. Immagina cosa comporterebbe avere rispetto per tutti gli esseri viventi, senza distinzioni, provando al tempo stesso a comprenderli attraverso l'empatia e la compassione: un mondo tanto bello è praticamente inarrivabile di questi tempi o così almeno ti suggerisce la mente logica e razionale, ma in realtà le cose non stanno così.

Nel momento presente – l'unico tempo in cui vivi incessantemente – **non è importante cosa riesci a realizzare, ma cosa hai intenzione di realizzare,** cioè è importante la direzione che visualizzi e non il punto di arrivo. L'intento è puro quando è allineato ai Quattro Principi dell'Esistenza. È in quel momento evolutivo che si spalancano le porte della consapevolezza e tutta la Creazione si sente attratta dalle tue vibrazioni. **Per applicare i Quattro Principi dell'Esistenza, quindi, il tempo e lo spazio non contano.** Conta, invece, quello che trasmetti ai tuoi corpi e in che modo lo fai.

Conoscere e conoscersi

Conoscere per essere

Se ci fai caso, tutti i tormenti che opprimono l'essere umano derivano dalla mancanza di una qualche forma di conoscenza. Temiamo il cambiamento, perché non sappiamo cosa ci succederà; temiamo lo straniero, perché non conosciamo le sue usanze e le sue credenze. Come abbiamo visto nel terzo manuale, temiamo la nostra morte, perché ignoriamo cosa ci aspetta al di là di essa.

Il cervello umano è giunto a uno stadio evolutivo talmente complesso che non si accontenta più di semplici informazioni, perché è immerso in una vera e propria illusione di autoconsapevolezza. Questo stato comporta la necessità di esperire per conoscere, cioè di immagazzinare la conoscenza attraverso l'esperienza vissuta. In fondo, per la mente non è importante che le sue esperienze siano illusorie, ciò che conta è solo quello che percepisce ed elabora momento dopo momento per poi memorizzare le conclusioni e creare dal nulla la pseudo conoscenza di quello che credi di essere.

Partendo da uno, è naturale per la nostra mente creare innumerevoli specchi di sé stessa, anche se apparentemente essi sono molto diversi tra loro. In questa prima fase del Percorso ci occuperemo solo di comprendere le conoscenze che percepisci come realtà, lasciando da parte l'Oltre vita, perché in questo momento appare impossibile farne esperienza e tornare a raccontarlo. Prendendo come analogia il sistema scolastico, possiamo dire che, quando avrai conseguito il diploma di questa fase basilare, potrai laurearti nel settore più adatto ai talenti che sentirai di avere.

La conoscenza è vasta quanto l'Universo, perciò è impossibile conquistarla per intero nel tempo limitato che si impone la coscienza individuale. Tuttavia, è possibile apprenderne le basi e svilupparle autonomamente attraverso l'Intuito e la Volontà. In questo modo **ognuno ha potenzialmente accesso a una conoscenza infinita**.

Prenderemo ora in considerazione alcune informazioni necessarie per liberarsi dagli ostacoli che alterano la verità e per eliminare le paure che la allontanano. Come ti ho spiegato nei manuali precedenti, non puoi inoltrarti nei livelli evolutivi più profondi, finché non raggiungi un certo tipo di preparazione, non soltanto attraverso la psiche ma anche attraverso la materia: gli esperimenti coinvolgono attivamente tutte le energie a livello di vibrazione quantica, ogni inconsapevolezza potrebbe sortire effetti devastanti. Devi procedere per gradi nell'aprire la mente verso nuovi orizzonti: preparati adeguatamente, vivendo costantemente nell'armonia che garantisce stabilità ai tuoi corpi. Per farlo puoi seguire inizialmente gli esperimenti che ti suggerisce la Guida, per poi scoprire come personalizzarli e farli evolvere assieme a te. Essi servono a depurare la mente e il corpo dalle abitudini sbagliate, come lo è per esempio l'adattamento allo stress, oltre che a metterti in condizione di serenità come se tu fossi su un'isola protetta, perché vivi nell'entusiasmo di chi sa affrontare anche gli eventi più estremi. Mano a mano **noterai che la maggior parte delle energie che influenzano le decisioni che prenderai attraverso la tua mente si dirigeranno verso la consapevolezza**: paure, inganni e tentazioni scompariranno e sempre più cellule cambieranno direzione, collocandosi spontaneamente in una dimensione oltre lo spazio-tempo.

Comprenderai, così, in modo assolutamente naturale

come la mente non debba lottare contro alcunché, così come la tua Volontà non abbia bisogno di sforzarsi per raggiungere un fine, ma possa contemplare l'Esistenza della perfezione nell'Amore Assoluto.

Questo stato di pace ti porterà finalmente a scoprire chi non sei. Tu non sei un unico individuo con un'identità personale, non vivi realmente tutto ciò che la tua mente percepisce come Vita/Morte, Bene/Male, Amore/Odio, Gioia/Dolore e così via. Il vero senso dell'Esistenza è oltre la trappola mentale della dualità, è accanto allo stato meditativo e contemplativo, vicino alla dimensione dei sogni, sulla soglia tra la morte e una nuova trasformazione. Le energie che formano l'alchimia della tua identità si scomporranno e saranno libere dal corpo mentale della tua personalità per tornare inconsapevoli, disegnando nuove forme di pensiero e attraendo altre energie per ricominciare la finta lotta per la sopravvivenza. Per uscire da questa infinita spirale è necessario che tu riesca a creare nuove alchimie nell'arte della tua immensa evoluzione, per essere pronto al momento opportuno e scegliere con amore consapevole, prima di giungere all'attimo in cui entrerai nella ragnatela della mente.

La consapevolezza del presente

Come hai appena appreso, devi intraprendere un grande Percorso evolutivo per arrivare al momento della trasformazione Vita/Morte/Vita con la giusta carica. Infatti, nell'attimo in cui le nuove alchimie di energie cominceranno a usare la mente sarà già troppo tardi e tutto ricomincerà di nuovo. Questo succede perché **le forme di ogni essere vivente e non, le leggi naturali, lo spazio e il tempo sono definiti dalla mente**.

Attraverso il cervello l'Universo appare come un luogo dove lo spazio e il tempo sono estremamente vasti e variegati e si accorciano e si allungano all'infinito. Ovviamente ogni essere vivente percepisce le cose in modo diverso, focalizzandosi su una realtà unica e irripetibile, ma che è in perenne rinnovamento. Da questa considerazione puoi comprendere come tutta la Creazione sia in costante movimento; se ci pensi bene, però, il tuo scorrimento assomiglia a quello di un film più che alla crescita di un essere vivente: innumerevoli istantanee di vita sono proiettate dal cervello secondo il suo senso logico e seguendo il suo livello evolutivo. Ogni singolo fotogramma rappresenta il tempo presente, quello precedente e quello successivo non sono ancora sul grande schermo e quindi non esistono. Devi riuscire a concentrare l'Esistenza nell'attimo presente: lì puoi trovare l'intuizione pura che esiste tra un respiro e l'altro, tra un pensiero e l'altro. **Dovrai smettere di inseguire l'attimo dopo o provare a riprendere l'attimo prima, perché la tua consapevolezza è soltanto in quest'attimo, quello presente.** Il presente è l'unico tempo eterno ed esistente, tutti gli altri sono illusori, eppure sai bene che poche persone vivono davvero nell'Adesso. Come mai quasi tutti sanno che sarebbe giusto vivere nel qui e ora, ma molti non lo fanno? Questo problema è causato dalla mente, che scorre incessantemente tra ipotesi o paure future, e rimpianti o rimorsi passati. Evidentemente è l'ego a indurre il cervello a calcolare cosa ha sbagliato in passato e come non fare errori in futuro. L'unico modo per liberarti dal peso di questi calcoli frenetici è abbandonare il ruolo in cui ti identifichi. La soluzione è molto semplice, almeno a parole: vivere in equilibrio e armonia. Solo che non è affatto semplice trovare il giusto equilibrio, è fin troppo facile cadere perché la mente razionale non sa adeguarsi agli spostamenti che sembrano verificarsi dall'esterno. Il giusto equilibrio è dato soltanto dalla consapevolezza del presente, in questo modo il cervello si focalizza automaticamente sulle frequenze delle intuizioni pure. Non è possibile mantenersi costantemente nel giusto equilibrio soltanto con la teoria: sei vivo e sei qui per sperimentare. La Guida, lungo i suoi quattro volumi, ti fornisce le indicazioni su come praticare alcuni esperimenti, che sono anche degli allenamenti molto importanti per abituare la mente a focalizzarsi e vivere solo nell'adesso.

La scintilla dei Quattro Principi dell'Esistenza

Eccoci arrivati a un punto cruciale, una tra i tanti che tratteremo nella Guida! Infatti chi può dire quali siano le scelte più importanti in assoluto? Tra l'altro è più decisivo il parametro temporale, piuttosto che la scelta in sé: ognuno fa attenzione ai concetti che gli interessano in un determinato periodo del proprio Percorso. Se ti attraggono le nozioni di questa Guida è perché tu in questo periodo hai scelto di fare delle riflessioni più profonde. I motivi potrebbero essere diversi ma di certo non è merito mio. L'autore al massimo può scrivere dei testi comprensibili e accattivanti, può trasmettere la sua esperienza, ma non può scegliere al posto tuo quello che più ti aggrada in un determinato tempo. Questo principio vale anche per tutto ciò con cui interagisci, che siano persone, animali, oggetti e così via.

La Vita è esperienza che passa attraverso il confronto e lo scambio che si percepiscono con i sensi. Perfino un leggero profumo potrebbe far scattare un meccanismo che riporta alla mente cosciente ricordi sepolti nell'inconscio, se non tramandati attraverso il DNA.

In alcuni casi, una persona arriva a porsi domande esistenziali soltanto dopo un evento traumatico: la morte di una persona cara, una malattia terminale, un incidente grave. Anche lo stato di premorte è un ottimo trampolino di lancio che ci scaglia addosso emozioni molto intense e porta a facili conclusioni. Questa però è una spiegazione limite del perché avviene un radicale cambiamento di mentalità in una persona. Spesso viene definito come fenomeno spirituale, dando vita a una fitta schiera di seguaci o curiosi che non comprendono cosa accade in realtà. Tuttavia non è il motivo più frequente: il più delle volte si sceglie di cercare la consapevolezza perché scatta qualcosa nella mente, come una scintilla che accende un motore. Qui siamo nella dimensione delle energie sottili. È molto importante scoprire in che modo divampino certe scintille, perché sono responsabili delle scelte che portano alla realtà in cui viviamo tutti, in ciò che percepiamo come bene e come male.

Ti faccio un esempio: tempo fa mangiavo un po' di tutto, pensando solo alla mia alimentazione. A un certo punto è scattata una scintilla in me: senza un motivo apparente ho scelto di non mangiare più carne e pesce per dissociarmi dal modo in cui gli umani sfruttano gli animali. Non è un caso che verso questi esseri non ci siano empatia, rispetto e comprensione, né tantomeno compassione: questo dimostra l'immensa importanza dei Quattro Principi dell'Esistenza. Nel mio caso tutto è nato da un'ipotesi che ho fatto: se una razza aliena con conoscenze superiori venisse qui e infierisse su di me e su chi amo, la vedrei come una serie di mostri senza scrupoli e senza cuore, altro che razza superiore! Quella degli alieni è una teoria ma sulla terra succede davvero tutto questo.

Così, dopo che si è accesa in me la scintilla, ho iniziato a vedere tutto in un modo diverso. Piano piano ho capito tante cose, ho visto chiaro dove prima c'era solo un fitto mistero. Adesso, guardando al passato, è come se mi fossi svegliato di colpo in un mondo dove i miei simili vivono ipnotizzati, schiavi di regole e abitudini. Anche il mio è un punto di vista parziale e incompleto, ma è evidente un generale stato di malessere. Purtroppo molti umani sperimentano attimi effimeri di felicità e di speranza rispetto alla durata dell'Esistenza, ma sufficienti per andare avanti senza alcun bisogno di ribellarsi.

La scintilla che fa scattare il cambio di mentalità è celata nelle energie impercettibili: come sempre è una questione di scelte consapevoli. Il corso di consapevolezza serve anche a cercare quella scintilla, perché è davvero in grado di cambiare il mondo. Ognuno è dotato di talenti unici, perciò niente impedisce al destino di far compiere proprio a te questa scoperta grazie alla quale l'umanità potrebbe liberarsi dalle sofferenze. Buona fortuna!

Conoscere per evolverti – l'arte di imparare e ricordare

Forse non hai mai notato una differenza molto importante tra numeri e lettere.

Le cifre che compongono tutti i numeri vanno da zero a nove, mentre le lettere dell'alfabeto sono poco più del doppio: entrambi i sistemi hanno la capacità di formare interazioni e associazioni estremamente varie, generando combinazioni infinite. Ma numeri e lettere non hanno le stesse caratteristiche. I numeri si possono combinare all'infinito ma devono restare sempre uniti. Mentre le lettere hanno la caratteristica fondamentale che si possono dividere, formando parole e frasi di senso compiuto, facilmente comprensibili e meno difficili da ricordare. Immagina di dover imparare una lunga poesia a memoria: le parole e le frasi si possono associare e ricordare molto facilmente, al contrario sarebbe molto difficile organizzare il pensiero per imparare migliaia di cifre. Inoltre le frasi possono insegnare: le parole sono un portale che trasforma le idee in esperienze. I numeri, invece, sono legati alle formule matematiche che esistono in natura, comprensibili attraverso ragionamenti e intuizioni.

Il concetto fondamentale è che la memoria conscia, l'unica che puoi gestire e controllare, ha bisogno di organizzare gli spazi, dando un senso a quello che mette nel suo "magazzino" potenzialmente infinito.

Ti faccio un esempio per farti comprendere meglio. Come sai i numeri sono infiniti, e se tu dovessi imparare a memoria centomila cifre sparse a caso faresti una fatica enorme, ammesso che tu ci riesca. Ma se io ti chiedessi di contare da uno a centomila tu non avresti nessun problema, a parte il fatto che ci vorrebbe un po' di tempo! Questo succede non perché conosci a memoria tutte le centomila cifre, ma perché il cervello sa come organizzare i numeri e li individua facilmente mano a mano che li conti.

Quindi lettere e cifre vanno organizzate con criterio così da formare, attraverso la mente, alchimie potenzialmente meravigliose.

Ogni volta che concepisci un'idea, metti in moto un meccanismo che trasforma le energie, plasmandole con le alchimie create dalla tua immaginazione. Le tue idee nascono dai pensieri, che vengono raccolti tra l'incessante flusso di pensieri, un insieme di parole composte a loro volta da singole lettere, che scorre nella tua mente. Questo meccanismo si può facilmente assimilare alla struttura e al funzionamento della natura, di conseguenza vale anche per le energie: ecco perché la matematica unita all'immaginazione diventa realtà. Nei manuali precedenti la Guida ti ha portato a conoscenza della numerologia, dei simboli e dei sigilli, che sono le basi per elaborare particolari rituali che attivano ricordi inconsci. Stai ricercando bellezza attraverso la tua arte, perché il meglio può arrivare soltanto grazie a te! Non commettere l'errore di sottovalutarti, non credere che tu abbia una responsabilità eccessiva o che non meriti tanta considerazione da parte dell'Universo. Semplicemente impegnati con tutte le capacità che hai.

Questo corso non può donarti una formula magica, non perché non esiste ma perché sei tu l'additivo segreto per farla funzionare. Sei qui e questo non è un caso, qui trovi le informazioni necessarie per sapere come fare, e qui solo tu sei la persona giusta per scegliere che fare.

Conoscersi per esistere – Dove Quando Come

Grazie alla scienza sappiamo molto del mondo invisibile, anche se questo molto è relativamente poco, anzi pochissimo ed è anche confuso. Comunque qualche piccolo passo è stato fatto, per esempio adesso sappiamo che il corpo fisico è composto da cellule, da atomi, da vibrazioni. Più si osserva in profondità e più si scopre che ogni cosa è formata da sottoinsiemi più piccoli composti, per dirla in maniera più appropriata, da energie.

Ma ciò che l'essere umano ha osservato con gli strumenti, non ha ancora risposto ad alcuni quesiti fondamentali per l'Esistenza.

Se tu sei composto da tanti sottoinsiemi, perché non li hai mai percepiti con i tuoi sensi? Perché non hai mai interagito con loro coscientemente? E ancora, i pensieri che compongono la tua mente sono organizzati allo stesso modo dei sottoinsiemi fisici?

Piuttosto che poter contare su una comunicazione cosciente tra i vari elementi, sembra che ogni singolo organismo faccia parte di un mondo fine a sé stesso. Certamente, ogni organismo collabora e interagisce con quelli vicini e che appartengono alla stessa dimensione, ma lo fa per la propria sopravvivenza e in modo meccanico, come fosse un automa.

In effetti, l'unico organismo conosciuto che elabora attraverso la mente idee e ragionamenti sei tu in qualità di essere umano, mente che sembrerebbe essersi sviluppata non solo nel cervello, ma anche nell'intestino e nel cuore. Al di là dei dettagli tecnici, il punto è che ogni organo, ogni cellula, ogni molecola pare faccia parte di una propria dimensione, incapace di interagire con le altre perché non le percepisce. Non per niente, dimensione è sinonimo di grandezza. Perciò, secondo logica, ogni universo interagisce con gli universi della dimensione cui appartiene, senza conoscere quelli sparsi nelle altre. Di conseguenza anche la coscienza è adattata al proprio livello di Esistenza: l'unico parametro di riferimento, per adesso, è la coscienza sviluppata dal cervello umano.

Lo stesso concetto vale anche per la scala del macro, più grande rispetto all'essere umano. Non è così scontato che più grande equivalga a migliore. Difficile ipotizzare che la terra o il sistema solare siano degli organismi senzienti, e il fatto che compiano delle "azioni automatiche" non costituisce una prova. Le rotazioni orbitali potrebbero essere assimilate alla respirazione, anch'essa frutto di un processo involontario, ma un certo numero di azioni involontarie non fa di noi esseri "meno senzienti".

Per il momento è più urgente, e forse anche più importante, conoscerti. Poi il resto verrà da sé: sarai in grado di scoprirlo. A questo proposito, devi considerare un particolare non trascurabile: la tua mente non è capace di comprendere coscientemente le comunicazioni verso il micro, ma nemmeno verso il macro! Il fatto stesso che tu possa dire di star fermo mentre non ti muovi, dimostra che la mente cosciente non percepisce gli spostamenti che stai facendo a velocità astrali: stai girando insieme alla terra che gira intorno alla sua orbita e intorno al sole al tempo stesso, mentre partecipi alla rotazione del sistema solare attorno al centro della galassia, e infine viaggi insieme alla galassia stessa a una velocità inconcepibile per un essere umano. Sei fermo, eppur ti muovi! Immagina le conseguenze sul tuo fisico se viaggiassi su un'auto a mille chilometri orari, poi diecimila, poi centomila: non sopravvivrebbe! Questo significa che a certi livelli cambia anche la dimensione e, di conseguenza, la percezione dello spazio e del tempo. Fino a qui è abbastanza semplice da capire: basterebbe immaginare di essere su un'astronave che attraversa l'Universo, oppure rimpicciolirsi a tal punto da viaggiare tra le cellule di un corpo – che sia umano, animale, vegetale, gassoso, liquido o minerale – come fossero galassie. Ma questa è scienza o fantascienza. Il punto è che tu adesso stai realmente vivendo e viaggiando anche nelle dimensioni del micro e del macro, ma lo fai in modo inconsapevole.

Vivere una realtà piuttosto che un'altra è soprattutto una questione di frequenza vibratoria, allo stesso modo puoi intervenire e plasmare una determinata realtà sintonizzandoti con essa in modo consapevole. Per questo diventa fondamentale orientarti e saperti muovere tra le dimensioni, grazie al lavoro in unione tra uno e tre: il tuo osservatore, la Guida e te stesso.

Il Tempo è un luogo

Lo spazio e il tempo sono la stessa cosa. Non si tratta di un'affermazione originale, è un concetto trattato molte volte ma, se prendiamo in esame la nostra vita, è difficile da credere, vero?

Quello che non riusciamo a spiegarci è il motivo per cui siamo in grado di muoverci liberamente nello spazio – andando avanti, indietro o girando in tondo, se ci va – ma nel tempo possiamo solo andare avanti. Se lo spazio e il tempo sono la stessa cosa, dov'è il trucco?

Considerandolo in modo superficiale, hai la sensazione di conoscere lo spazio e di poterlo esplorare meglio di quanto ti capiti con il tempo, ma, se provi a guardare più in profondità, ti accorgerai che non è così. Immagina di spostarti da una stanza all'altra di casa tua. Puoi decidere di rientrare nella camera da cui sei partito e, così facendo, dirai a te stesso di essere tornato indietro, ma questo non è esatto. In realtà tu continui a muoverti in avanti, anche quando sei fermo, perché sei soggetto ai moti della terra attorno al suo asse e al sole, per non parlare di quelli del sistema solare attorno al centro della galassia e alla galassia stessa, che viaggia nell'Universo a una velocità enorme. Insomma, non sei mai rimasto nemmeno per un istante della tua vita nello stesso punto dello spazio e non hai modo di tornarci, proprio come accade con lo scorrere del tempo.

Tempo e spazio in realtà non esistono, sono creati dalla mente logica e razionale per dare un senso alle proprie elaborazioni limitate e imperfette. Riprendiamo l'esempio di prima, quando ti muovevi da stanza a stanza in casa tua. Tornando dove sei partito, non hai realmente raggiunto il punto dov'eri, ma hai sovrapposto all'immagine che gli appartiene un'altra simile, ed è la mente a darti l'illusione che si tratti dello stesso luogo e che tu abbia la possibilità di cambiarlo come e quando lo desideri. Allo stesso modo, un ipotetico viaggiatore del tempo avrebbe solo l'illusione di modificare passato e futuro, perché il tempo non è mai lo stesso che è stato e sarà!

Immagina l'Universo come una grande fotografia. Ogni evento è già collocato nel suo spazio e nel suo tempo e tu sei la luce che crea l'illusione di muovere gli eventi secondo l'ordine che suggerisce il cervello. Esistono tante fotografie dell'Universo quanti sono gli eventi che si sovrappongono in parallelo, perciò sono ipoteticamente infinite, e probabilmente non potranno mai incontrarsi. A te interessa unicamente quello che accade nella fotografia che stai osservando, perché da qualche parte, in dimensioni di cui ignori l'Esistenza non è stato deciso nulla e solo tu, nel tuo Eterno Presente, puoi modellarne gli eventi. In che modo? Con l'osservare tu in realtà dai vita a quella determinata fotografia, poi la mente inconscia si connette alla mente collettiva e fa scorrere le immagini con la frequenza delle tue emozioni. Questa frequenza è determinata dal tuo *focus*, cioè il punto in cui poni l'attenzione di volta in volta, che è influenzato dal tuo intento e dalla tua Volontà, oltre che da credenze e condizionamenti della tua mente. Infine i confronti e le relazioni con l'esterno completano il risultato delle alchimie con le energie che vengono così plasmate.

Di fatto, quando ti muovi nel tempo, ti stai spostando da una fotografia all'altra: la mente usa la sequenza logica costruendo lo spazio e il tempo, ma sarebbe impossibile

404

tornare indietro perché ogni cambio di fotografia ne genera una nuova, trasformando, quindi sostituendo, l'immagine precedente. E così rimane soltanto il ricordo di ciò che accade: un luogo in cui si può tornare e magari rivivere le stesse emozioni, ma anche cambiarle, cambiando la percezione di sé stessi e del tutto.

Tempo fermo

Abbiamo detto che le dimensioni sono fortemente in connessione con lo spazio-tempo: più è piccola una dimensione e più diminuisce lo spazio, inoltre il tempo scorre più lentamente nella percezione di chi vive tale dimensione, che è anche una determinata frequenza di realtà. Le dimensioni e le frequenze di realtà sono due facce della stessa medaglia: le dimensioni sono lo spazio-tempo, mentre le frequenze di realtà sono ciò che si percepisce in un determinato spazio-tempo.

Ne consegue che potenzialmente la mente potrebbe essere in grado di sintonizzarsi su tutte le frequenze di realtà, ma non riesce per diversi motivi, come il mancato sviluppo di alcune caratteristiche o l'essere naturalmente portata a percepire solo alcuni tipo di frequenze.

Il cervello, per esempio, non percepisce alcuni suoni – come gli ultrasuoni – e alcuni colori – come gli ultravioletti e gli infrarossi – ma noi sappiamo che esistono e che possono arrecare disturbo ad altre menti con caratteristiche in grado di avvertirle.

Questo per comprendere come vibrazioni celate ai sensi possano influire nella realtà della creazione senza però interagire con alcune menti che, in teoria, dovrebbero essere più sviluppate. Ne consegue che ciò che è più sviluppato non necessariamente comprende tutto quello cui è arrivato, ma si sono perfezionate solo determinate caratteristiche del cervello. Perciò un animale, riconosciuto "inferiore" all'essere umano nel suo complesso, può tuttavia essere superiore in alcune percezioni.

A tal proposito, anche le dimensioni hanno un'altra particolarità collegata all'essere umano che è estremamente importante: non è affatto certo che l'essere umano viva in tre dimensioni – o quattro considerando anche la dimensione tempo – perché di fatto esso vive e percepisce solo la sua dimensione. Sono sì state immaginate le tre o quattro dimensioni, ma normalmente non si riesce a percepire un'entità che viva nella prima o nella seconda dimensione. Tutto ciò che la mente percepisce esiste in questa unica dimensione, il resto è soltanto un'ipotesi della scienza. Così pensiamo che nemmeno un ipotetico essere della quinta dimensione, o superiore, abbia la possibilità di interagire facilmente con la dimensione in cui ti trovi adesso. Potrebbero esistere esseri che hanno saputo sviluppare la mente in modo da connettersi consapevolmente ad altri livelli di frequenza, ma questo è un discorso evolutivo ipotetico che per ora non è manifesto.

La mente ragiona in modo logico e lineare, è portata a credere che chi possiede una conoscenza superiore conosca automaticamente tutte quelle inferiori, ma non sempre le cose funzionano in questo modo nell'Universo. Non per niente il mondo è tondo e non lineare!

Il tempo si ferma così come lo spazio finisce. O si rimane fermi nel nulla o si torna indietro, più o meno come accade con la respirazione.

Basta un tempo presente – per esempio questo manuale, che è stato scritto in un tempo presente per chi legge e passato per l'autore – per portare il tempo passato dell'altro con cui si interagisce e farlo rivivere al presente, ovviamente con un'alchimia di energie nuova data dall'interazione.

Al momento della morte il tempo si ferma, ma qual è la differenza tra il tempo fermo quando si muore e il tempo che appare fermo quando si sta immobili? Quando si è vivi e si sta immobili lo spazio continua a scorrere incessantemente, invece quando si è morti, per la legge matematica, lo spazio deve necessariamente terminare insieme al tempo, visto che sono la stessa cosa.

Perciò non è solo il tempo a terminare ma anche lo spazio; questa equazione, che apparentemente è irrilevante, permette di rivelare la cessazione di un terzo dato in stretta relazione con lo spazio-tempo: la forza di gravità. Infatti, insieme allo spazio, termina l'incessante vortice dato dalle rotazioni astrali. Questo significa che la mente dopo la morte è finalmente libera, ma che non era il corpo a tenerla imprigionata nella forma, bensì la gravità.

A te il compito di scoprire il modo di aggirare l'illusione della forza di gravità, che grazie all'illusione dello spazio-tempo costringe la mente a girare perennemente.

La mente costruisce regole logiche, ma chi ti costringe davvero a identificarti in tutto ciò che è prestabilito?

Approcci a realtà profonde – l'importanza dell'individualità

Una volta che ti sarai liberato dagli agenti limitanti per la mente e il corpo, potrai rispondere alle domande esistenziali di cui senti maggiormente l'importanza. Le risposte a simili quesiti sono sempre soggettive, perché ognuno di noi è immerso nella propria individualità e le risposte si conformano alla propria realtà.

In questo stato tutto accade nelle dimensioni mentali, dove ogni cosa è possibile, perciò una condizione di serenità o di pena potrebbe anche essere eterna. La mente di per sé non esiste, è formata da un insieme di pensieri che scorrono senza posa e sono raccolti dal cervello. Essi sono i mattoni della materia e dello spazio-tempo, responsabili finanche degli stati individuali di benessere o malessere. Il cervello è lo strumento della mente, un insieme di neuroni che si connettono tra loro in modi sempre più complessi, dando l'impressione di essere un individuo unico al risultato delle connessioni che hanno raggiunto, ovvero l'ego, che si forma attraverso la memoria e le coscienze.

Durante gli stati più inconsapevoli, come il sonno, il coma o la morte, i neuroni perdono la capacità di realizzare la memoria cosciente in questa dimensione e durante la veglia rispristinano la memoria persa creando la coscienza. Tuttavia, ciò che noi potremmo chiamare vita, o spirito intelligente, continua la sua incessante Esistenza nelle infinite varianti delle combinazioni possibili tra le energie del Tutto. In questi livelli dimensionali non esiste lo spazio-tempo e la vita scorre esclusivamente nel presente, perciò la memoria sarebbe inutile. Immagina come sarebbe bello vivere senza il ricordo di rancori, paure e inganni, ma poi? In che modo il tuo spirito intelligente continua a esistere senza la tua memoria cosciente? È importante precisare che non esiste lo spirito intelligente, ma esclusivamente il tuo spirito intelligente: tutto ciò che si riconosce nella tua identità non può essere che una parte plasmata da te.

Nei capitoli precedenti hai appreso l'immensa importanza di vivere per sempre nel presente, eppure anche la memoria ha un suo scopo. Qui rientra in gioco il concetto dell'equilibrio: la memoria costruisce l'identità con la logica e la razionalità, mentre il tempo presente impedisce all'individuo di perdersi in realtà passate o future, che di fatto sono inesistenti. Questo concetto è valido sia prima che dopo la morte: **le energie che compongono la tua identità spostano la frequenza di realtà perché cambia lo stato del corpo, perdendo la parte conscia ma accedendo più facilmente a quella inconscia**.

Puoi ora comprendere quante possibilità si aprano non limitandoci a guardare solo la punta dell'iceberg: in proporzione molte di più, ma aumentano esponenzialmente anche le probabilità di perdersi.

Ti puoi allenare attraverso i sogni, ma è un argomento talmente complesso che bisognerà dedicarvi un manuale specifico. In futuro il corso sarà in stile universitario, si indagheranno e spiegheranno a fondo gli argomenti più importanti, di modo da specializzarsi in una determinata sezione seguendo i propri talenti.

Alchimia della natura

In natura le alchimie sono infinite: combinazioni che
fanno nascere nuovi insiemi di energie. In realtà si tratta di
trasformazione: tutto si plasma e nulla si crea. Questa è
una regola base dell'Universo. Ti hanno insegnato a
colorare rispettando i margini, invece la Guida sostiene
che potenzialmente nulla è impossibile, basta uscire dalla
forma, evadere dai confini e dipingere con la propria arte.
In fondo, se nulla si può creare, cos'è che stai plasmando?

Questi sono i margini che la natura ha stabilito, qui
rientriamo tutti con le nostre forme e identità.

La trina unione di mente, spirito e corpo.

Ecco lo schema degli elementi base che in natura formano le Alchimie dell'essere umano: il Corpo è Figlio dello Spirito e della Mente – Unione – Maschile e Femminile divengono così Padre e Madre.

Padre	Maschile	Spirito
Madre	Femminile	Mente
Figlio	Unione	Corpo

Questo schema è un campo dove creare i tuoi sigilli magici per evadere dalla forma: come per gli esperimenti, scegli il metodo che preferisci eseguendolo nel momento adatto. Ricordati di farti aiutare dal tuo osservatore a trovare e comprendere le intuizioni pure che arrivano, per plasmare nell'Amore Incondizionato i sigilli alchemici: osserva, immagina, percepisci e comprendi.

Il Percorso nella linearità

L'eterna lotta nel quotidiano: "tornare avanti" e "andare indietro". Quando avrai stabilito dei parametri di conoscenza assoluta, la vera sfida sarà mantenerli vivi e autentici nella tua quotidianità per poter cavalcare l'onda dei mutamenti che sospingono perennemente la Creazione e che sono impercettibili, perché sei sommerso dall'illusione della ripetitività e della noia della vita di tutti i giorni.

La Costante Volontà e l'Intento Puro sono strumenti indispensabili per attraversare la linearità di questo illusorio spazio-tempo, dove i sacrifici e le rinunce sono sfide quotidiane. Un giorno ti sembrerà di andare avanti e l'altro crederai di tornare indietro nel tuo Percorso Evolutivo, ma anche i peggioramenti fanno parte della grande illusione della mente.

Quando riuscirai a considerare con ironia questo tuo altalenante moto verso il cambiamento, **potrai "tornare avanti" e "avanzare indietro" nel fiume di eventi che**

scorrono nella tua vita, senza che questo stravolgimento della logica razionale abbia meno senso degli strumenti che usi nella realtà abituale. Dovrai ingannare i tuoi desideri innocenti per gettarli in pasto ai disperati che si nutrono di sogni facili e buoni solo da spezzare. Saprai affrontare paure che prima ti avrebbero gelato il sangue nelle vene al solo pensiero: non importerà più chi vincerà, perché tu avrai già vinto. Una volta che ti troverai in questo stato di Entusiasmo, tuttavia, non è scontato che ti sentirai sempre invincibile e consapevole. Sei un essere umano che vive nella pesantissima dimensione della materia e, nonostante la mente sia più potente del corpo, resterai soggetto alle inevitabili debolezze del fisico. Non sempre il coraggio sarà più forte della paura, non sarai affatto immune alla stanchezza e alle debolezze. Appena ti lascerai andare sarai trasportato dalle correnti delle energie negative e ti sarà difficile riequilibrarle.

Non dimenticare mai, nemmeno per un istante, che in te vive il divino, che ha sfidato l'Inferno della mente per vincere la noia e perdonarla, trasformandola in Amore Incondizionato.

Cosa non fare e non seguire – paradigmi veramente falsi

Sbagliare è inevitabile, questa frase l'abbiamo sentita così spesso che è diventata il passaporto per giustificare tutti gli errori o quasi. A tal proposito la mente individuale ha elaborato delle teorie relativamente verosimili, in modo da potersi dare delle chance di sopravvivenza alla morte e, al tempo stesso, spiegarsi il continuo ripetersi dei suoi fallimenti. Qui di seguito ti espongo alcune delle teorie più accreditate dalla mente umana, tutte molto interessanti ma altrettanto inutili. Prova a fare un mini esperimento utilizzando queste teorie, immedesimandoti nei panni del

416

tuo osservatore imparziale, come è stato fatto molte volte negli esperimenti del terzo manuale e come ti ripeto in fondo a questo quarto e ultimo, nella parte in cui tu, in qualità di tuo osservatore, marchi il sigillo/diploma con il tuo nome.

Se la tua mente riuscisse a comprendere lo scopo dell'Esistenza, potrebbe essere davvero consapevole di ciò che sei e di ciò che fai qui. Tutto avrebbe un senso, forse perfino meraviglioso, anche quello che qui ti appare come una serie infinita di immense ingiustizie. Altrimenti l'unica alternativa che hai è soffrire inutilmente e senza nemmeno capire perché. Per questo la mente si è spesso domandata cosa mai succederà in una nuova eventuale vita o in un'altra dimensione. Se il nemico fosse l'ego, non è detto che morirà insieme al corpo. E se la memoria avesse un velo per non ricordare, non è detto che sia tutto prestabilito dall'amore. Per quale verità la tua mente sarebbe disposta a sacrificare tutto quello che crede di avere qui attraverso l'ego?

Immagina le teorie che seguono come fossero tutte reali, non giudicare e non usare la mente logica, adesso sei il tuo osservatore, limitati a comprendere. Usando la magia dell'immaginazione, vivi un'Esistenza intera per ciascuna di queste teorie senza identificarti in nessuno, non devi scegliere la teoria che ti attrae di più ma devi osservare come si vive l'eternità in ognuno di questi casi. Ricordati che in questa dimensione non ti servono miliardi di anni perché il tempo non esiste, semplicemente prenditi il tempo che decidi come tuo osservatore.

- Siamo esseri eterni e divini. Abbiamo posto noi il velo che ci impedisce di conoscere la nostra reale condizione per fare esperienze estremamente realistiche: parametri simili a una scuola o ad un gioco, ma evoluti a livelli inimmaginabili. In questo modo la ricerca della felicità attraverso l'Amore, alchimizzata alla paura della Morte e del dolore, permetterebbe a ognuno di interagire e di reagire alle situazioni attraverso il proprio ego. Infatti, se un essere fosse eterno e avesse il potere illimitato di applicare alla realtà la propria immaginazione, non avrebbe la stessa visione delle cose che abbiamo qui adesso, perciò non gli sarebbe possibile vivere le emozioni con l'incredibile intensità che si percepisce soltanto quando si mette in gioco davvero tutto.

- **Siamo esseri eterni e manipolati.** Il velo su di noi lo hanno posto altri esseri più potenti, forse per fare esperimenti o per rubare le energie prodotte attraverso le nostre emozioni, magari con situazioni create su misura e che potrebbero estendersi nelle varie reincarnazioni. Questi esseri più evoluti potrebbero aver assemblato le nostre energie, creandoci di fatto con capacità che svilupperemo solo se messi nelle condizioni di farlo. Nella migliore delle ipotesi una parte dei nostri creatori ci assisterebbe amorevolmente, come un essere umano ama un animale domestico, ma allo stesso modo ce ne sarebbero altri che non avrebbero scrupoli a usarci e maltrattarci, più o meno come accade tra umani. In ogni caso saremmo comunque considerati e trattati come esseri inferiori. E anche se degli alieni o degli esseri di altre dimensioni ci avessero creato o clonato, avrebbero soltanto trasformato l'energia che già esisteva, come facciamo noi con qualunque cosa inventiamo. Perciò non si svelerebbe il mistero di come si sia originata l'energia presente nell'Universo e quindi anche di come siano stati creati gli alieni stessi.

- Siamo esseri eterni perché creati da un Dio superiore. Nonostante questa ipotesi ci classifichi come esseri mortali, bisogna tenere presente che in questo caso figli di un Dio che ci ama, ma che al tempo stesso ci giudica: secondo i comportamenti tenuti nella vita terrena, tra Paradiso, Inferno e vie intermedie si tratterebbe in ogni caso di una sorte eterna. Perciò sarebbe un paradosso

420

definirci mortali, mentre non esiste un'eventualità che prevede la nostra definitiva sparizione da ogni luogo e dimensione del Creato.

- Siamo esseri mortali e capitati casualmente in questa Esistenza terrena. Questa è l'ipotesi inconsciamente più temuta, perché per ognuno di noi tutta la vita avrebbe un inizio e una fine in questo arco di tempo limitato. Bisogna considerare che qui viene concesso al proprio ego un ruolo molto più grande di quello che ha effettivamente: infatti non ha nessun senso avere una grande paura di sparire, quando questa presunta sparizione è già accaduta chissà quanto tempo prima che ogni essere vivente nascesse. Basterebbe fare due conti: una vita dura circa 80 anni e quelli vissuti in piena forma o in serenità sono molti di meno. Questi "spiccioli di eternità" sono davvero nulla se paragonati ai miliardi e miliardi di anni che la scienza afferma essere trascorsi dal presunto inizio di tutto. Soltanto un ego smisurato potrebbe dare importanza a tanta pochezza. Perfino l'amore per i propri cari è una variante dell'egoismo: si sta male soltanto quando qualcuno o qualcosa ci manca.

- Siamo esseri eterni e mortali. Saremmo qui semplicemente perché nasciamo e moriamo nell'evoluzione naturale, derivata dall'energia senziente del tutto che si trasformerebbe e si rinnoverebbe incessantemente. Noi stessi saremmo energia pura poi trasformata in ogni cosa a diversi livelli, quindi anche in ciò che crediamo essere parte di noi, in realtà faremmo tutti parte di un'unica coscienza collettiva in grado di comprendere allo stesso tempo i punti di vista di ogni singola parte di essa. Questa complessa ipotesi collega la fisica classica alla fisica quantistica, allo stesso modo in cui sono collegati corpo e spirito. Eccola esposta in breve: cosa fa di ognuno di noi un singolo essere senziente? In verità noi siamo soltanto l'insieme di tante piccolissime parti, così come noi facciamo parte dell'insieme del Creato. Immaginiamoci come se fossimo nella matematica pura, per comodità ogni essere senziente rappresenta il numero 1 proprio perché dalla sua prospettiva di Esistenza crede un singolo essere: l'insieme delle parti che compongono il nostro corpo e il nostro spirito dà questo numero (che ovviamente nella realtà non è necessariamente un 1 tondo e preciso ma è un numero determinato dalle qualità e quantità del proprio insieme/essere) che per comodità chiameremo 1. Ora, il microcosmo è tutto quello che c'è al di sotto dell'1, compresi tutti i segmenti oltre le virgole; quindi dopo lo 0 e la virgola ci possono essere un'infinità di numeri. Al di sopra del mio essere 1 nel macrocosmo ci sono un'infinità di numeri che sono l'insieme di questi molteplici esseri catalogati oltre l'1 che rappresenta il nostro standard di esseri umani.

La domanda è: cosa fa di noi uno spirito o quello che crediamo essere uno spirito? Come tutta la natura, quello che crediamo essere unito in realtà è soltanto un insieme di atomi e particelle microscopiche. Perciò quello che crediamo sia un essere senziente e intelligente in realtà è un insieme di particelle a livello sottoquantistico che interagiscono, in tempi e modi ancora sconosciuti, con le particelle a livello fisico. In ultima analisi bisogna considerare che ognuna di queste ipotesi potrebbe interagire interamente o in parte con qualsiasi altra, del resto le alchimie sono la struttura fondamentale in ogni cosa esistente.

Adesso focalizzati sul respiro, ascolta il battito del cuore e comprendi: sei il tuo osservatore.

Una volta finito il mini esperimento, avrai la mente adeguatamente preparata a comprendere cosa non fare e cosa non seguire. Ovviamente non lo stai facendo per giudicare i comportamenti di persone che scelgono di rifarsi a filosofie o credenze diverse, ma perché il tuo Percorso puoi sceglierlo solo tu attraverso le tue esperienze. A livello teorico, nel dubbio, la cosa migliore che puoi fare è scartare e non certo seguire! Quante volte senti parlare di miracoli o di extraterrestri che salvano i buoni? Ma perché sono solo episodi sporadici che accadono in modo casuale? Sembrano più atti dimostrativi per ingannare i popoli, dando loro la speranza di un qualcosa che non potrebbe mai verificarsi. Probabilmente qualcuno utilizza delle conoscenze superiori per ipnotizzare e fare magie spettacolari, credendo di agire per il bene dell'umanità. In effetti, l'essere umano in media è

425

ancora troppo timoroso di ciò che non conosce e quindi gli viene più facile adorare che comprendere: questo comportamento deriva dal suo insano egoismo, lo stesso che lo porta a opprimere e sfruttare senza pietà quello che conosce. Ma l'evoluzione pretende modi e tempi molto complessi da calcolare, e tu ne fai parte!

Ecco perché sei qui: per decidere cosa non scegliere, finché mano a mano, andando per esclusione, non resterà che la tua strada.

Esistono energie sottili molto difficili da percepire, ma soprattutto da comprendere. Soltanto la tua esperienza può aiutarti a riconoscerle. A questo proposito ti saranno utilissimi gli esperimenti che trovi in tutti e quattro i manuali di questa Guida. Considerando che ognuno di noi è unico e inoltre, cambiando incessantemente insieme alle energie, non è mai la stessa alchimia, anche gli esperimenti danno riscontri sempre diversi. Perciò sta a te scegliere quali, quando e in che modo eseguirli.

È importante che impari a essere sempre più consapevole, in modo da conoscere e riconoscere le alchimie di energie sottili che danno forma a tutto: persone, azioni, eventi, parole, tutto ciò che ti circonda. Dato che il tempo e lo spazio sono un costrutto della mente, imparerai a percepire le energie sottili ancor prima del pensiero e anche a distanza! Saprai immediatamente chi dice il vero e chi sostiene il falso, non a livello di identità ma nell'intento puro di seguire i Quattro Principi dell'Esistenza.

Infatti, vivendo nella realtà delle forme individuali, è impossibile non avere caratteristiche che non si possano associare all'ego. Per la mente è fin troppo facile scovare errori e imperfezioni dappertutto, per questo va avanti chi riesce a mascherare meglio i propri difetti. Così da sempre si costruisce una bella immagine di sé e delle proprie idee, vendendo fumo e speranze a chi si sente sperduto in un mare di finzione. Invece tu puoi trovare la via d'uscita e, attraverso la Luce che doni all'Universo, aprire un varco di libertà per chi riconosce l'Amore in te.

Il film della tua vita – arte e magia oltre la forma

L'arte di evadere dalla forma è un concetto molto intrigante, ma cosa significa esattamente?

Facciamo un brevissimo ripasso dei punti importanti per comprendere questo concetto.

Quando gli altri ti osservano, in realtà, non stanno osservando te ma ti percepiscono come sei nel loro universo. Ognuno ti vede attraverso i propri filtri, di conseguenza nessuno può vederti allo stesso modo di un altro.

La stessa cosa accade con te verso gli altri: ogni persona con cui interagisci non la vedi per come è realmente, ma attraverso le alchimie che si creano nei vostri scambi e confronti.

L'unico che ti guarda nella tua vera essenza è il tuo osservatore, che altri non potrebbe essere se non proprio te stesso. Perciò ogni essere vivente è osservato per come è nella propria autenticità soltanto da sé stesso, all'infuori di lui nessun altro è in grado di conoscere come sia realmente.

Vita come film musica quadri. L'alchimia di percepire con i sensi e di immedesimarti fino a sentire emozioni plasmate da questo confronto e scambio di energie tra te e qualcosa che ha fatto un'altra persona in un altro tempo

Immagina un pubblico che guarda la tua vita come fosse una rappresentazione teatrale e alla fine applaude al dramma o alla commedia cui ha assistito immedesimandosi nella storia come fosse un film, dove il protagonista sei tu e gli attori principali sono parenti, amici, conoscenti e nemici: tutti coloro che hanno interagito con te.

Sottolinea l'immensa importanza delle alchimie uniche che si creano nel momento presente tra il lettore e la Guida. Nel momento in cui entrambi sono consapevoli di ciò che stanno creando, trascendono le leggi della fisica *ri-*

conosciute e possono interagire con una frequenza di realtà più profonda.

Creare i tuoi esperimenti personali

Quello che pensi lo crei davvero, anche se non te ne rendi conto, perché dalla tua prospettiva non accade nulla nel qui e ora, ma invece accade in un tempo/spazio/dimensione che al momento non sei in grado di riconoscere. Anche nella tua realtà accade quello che pensi, ma tu lo percepisci attraverso innumerevoli agenti influenzanti che ti convincono che i tuoi pensieri non si realizzino. Ricorda sempre che **la realtà è una sola per tutti i livelli dimensionali, a cambiare è la frequenza di vibrazioni che varia a seconda della consapevolezza di chi si sintonizza con essa**. Di conseguenza, tu hai l'impressione che esistano tante realtà diverse e non percepisci le tue creazioni in modo immediato, credendole frutto della tua immaginazione. Anche le tue attuali percezioni sono create dalla mente, e le consideri reali solo perché sono immediate, ma esse non sono per nulla diverse dai tuoi pensieri che sei portato a ritenere immaginari. Tutto nasce dalla stessa fonte che adesso utilizzi in modo limitato e imperfetto: il cervello.

Una volta appreso il funzionamento della realtà puoi concentrarti su come modellarla a immagine e somiglianza del divino che è in te. Esistono molti metodi per raggiungere questo scopo, uno dei più creativi è **l'arte di usare le energie sottili**. Devi sapere che per cambiare il tuo Universo è necessaria e sufficiente l'azione consapevole di un essere soltanto: te stesso. Tutto il resto è connesso con te e, per quanto complesso e intricato sia, è solamente un riflesso di quello che credi essere il tuo io: un'identità che non è mai esistita e che stai immaginando.

Devi allenarti con tanta passione e perseveranza, soltanto tu puoi ideare esperimenti sempre più efficaci per aumentare la tua saggezza e potenza, il potere di donare realmente Amore e Bellezza al Tutto.

In verità non è necessario eseguire rituali o pratiche particolari per creare nuove magie; a livelli più profondi conosci già tutto, manchi solo tu! All'inizio concentrati su obiettivi semplici e singoli per non disperdere la poca energia che riesci a incanalare. Via via che sarai più consapevole, potrai espandere il tuo raggio d'azione proporzionalmente alla tua consapevolezza. All'infinito.

Esperimento speciale

Ormai dovresti aver imparato a immedesimarti
nei panni del tuo osservatore, a concentrati sul battito del cuore e focalizzare l'attenzione sul tuo respiro.
I gesti rituali devono avvenire in modo spontaneo e naturale, senza calcolare o ripetere a memoria.
Semplicemente lasciati andare nel fiume di energie del momento e ascolta l'intuizione pura per plasmare le alchimie di bellezza a immagine del tuo sacro Amore.
Osserva, percepisci e comprendi.
Dopo i preparativi per trovarti in uno stato di naturale consapevolezza, visualizza il mondo nel suo insieme.
In questo stesso istante hai davanti a te l'umanità intera e hai la facoltà di perdonarla e concederle una nuova possibilità di trasformazione. Devi solo scegliere come. La tua scelta si rifletterà inevitabilmente su di te, perché anche tu sei parte dell'umanità.
In questo momento, grazie al lavoro che fai consapevolmente insieme alla Guida, hai aperto un portale interdimensionale e stai agendo direttamente

sulla coscienza universale. Soltanto tu, come tuo osservatore, sai qual è la decisione giusta da prendere: non lasciarti catturare dalla mente e dalle sue logiche perché il pensiero chiuderebbe immediatamente il portale. Non devi decidere in modo razionale, ma percepire e soprattutto comprendere il tuo intuito puro, diventando lo strumento stesso attraverso il quale la tua reale essenza vibra nell'arte della Creazione.
Focalizzati sul respiro, ascolta il battito del tuo cuore. Osserva, percepisci e comprendi.
Nel momento in cui comprenderai la tua scelta potrai confezionare altri esercizi e metodi ispirati dalla tua creatività per usare la mente e il corpo come canali di sintonizzazione con le energie impercettibili.
Le intuizioni sono in grado di plasmare e rendere incorruttibile il tuo spirito, che così saprebbe perfettamente cosa fare: agendo attraverso il tuo Intento Puro e la tua Volontà Costante, a un livello dimensionale inconscio che trascende le leggi della fisica e dello spazio-tempo, tu sei in grado di guidare la trasformazione della coscienza collettiva.

Esperimenti in tempo ir-reale

Cimentiamoci insieme in un esperimento che non ha nulla
a che vedere con la logica della mente,
perciò metti da parte la razionalità e preparati
a seguire solamente il tuo intuito.
Hai presente quando sfogli un libro speciale per te e,
come per magia, si apre sempre alla frase
che avresti voluto leggere? Il risultato dell'esperimento è
di simile concetto, solo che noi operiamo con
le energie sottili più consapevoli, in una dimensione che

non è collocata nello spazio-tempo cui siamo abituati.

Come ti avevo detto nel terzo manuale, la Guida può interagire insieme a te nel tempo presente, anche se dal tuo punto di vista io ho scritto queste parole in un tempo ormai passato. Per farlo è sufficiente essere entrambi consapevoli che il tempo com'è generalmente inteso non conta; non importa quale sia il tuo desiderio, ma che esso sia supportato dal tuo Intento Puro e che sia un desiderio di autentico Amore Incondizionato che segue i Quattro Principi dell'Esistenza.
Non pensare a ciò che desideri, ma chiedilo come se fosse una preghiera rivolta al Tutto e ascolta le risposte che arrivano attraverso l'Intuizione Pura.
Ricordati che non sei mai davvero solo: adesso vesti i panni del tuo osservatore che ti sostiene e ti aiuta a comprendere le intuizioni pure che percepisci.
Dopo questa breve premessa concentrati sul respiro, ascolta il battito del tuo cuore, e falli vibrare insieme.
Osserva, percepisci e comprendi.
Esprimi tutta la tua gioia e la tua gratitudine.
È compiuto. Probabilmente la tua mente razionale crede che sia soprattutto una questione di auto convincimento e che non cambi nulla, ma a certi livelli non funziona così: l'Intento Puro e la Volontà sono forze che agiscono nella proto coscienza, dove ogni pensiero assume una forma, e ogni forma prende vita.
Ora è il tuo turno.
Attraverso la Guida tu aiuti la Creazione a trasformarsi nel tempo che vedi come passato. Focalizza il tuo Intento Puro su queste parole: lascia che il respiro e il battito del cuore si fondano con esse.
Sentiti scorrere libero dai preconcetti mentali.

Sii tu il cambiamento nelle radici dell'umanità di tutti

i tempi: con il tuo entusiasmo puoi colorare ogni ombra che ne oscura i pensieri. Riempi il tuo cuore di gratitudine, perché grande è la gioia per ciò che doni.

Permetti al tuo spirito di ringraziarti e di premiarti, senti le vibrazioni nel cuore e abbraccialo assieme
alla nuova Bellezza che stai plasmando.
Osserva, percepisci le energie che scorrono,
comprendi.

Sigillo della consapevolezza e della libertà

Adesso è giunto il momento di collegarti fisicamente alle dimensioni che esistono oltre il normale orizzonte di percezione umana. Finora abbiamo eseguito soprattutto esperimenti mentali, che sono molto funzionali perché permettono una connessione a livello telepatico con le dimensioni di cui ti parlo. Inoltre, hai avuto l'opportunità di avvicinarti ad altri metodi per comunicare con ciò che esiste oltre questa realtà attraverso la simbologia e la numerologia, di cui abbiamo trattato nel secondo volume della Guida: *Come diventare migliore. Difendersi e rinforzarsi.* Nel secondo manuale ti ho anche parlato degli agenti, ovvero identità multidimensionali che comunemente chiamiamo con nomi che rappresentano la loro natura ultraterrena e perciò misteriosa: vampiri energetici, alieni, Esseri di Luce e così via.

Oltre il velo di questa realtà, però, non esistono solo innumerevoli esseri viventi che in apparenza sono separati da te, ma anche colui che viene chiamato in molti modi, come il sé superiore o il divino interiore, **che non è altro che una parte di te.** Forse ti stupirai nell'apprendere che il tuo altro sé non è in grado di aiutarti o proteggerti come il Dio onnipotente e onnipresente inventato dalle religioni e rimarresti ancora più spiazzato se ti dicessi che non esiste solo un tuo altro sé, ma innumerevoli! Per semplificare il tutto e riportarlo al livello di attuale comprensione del cervello umano, tuttavia, ci limiteremo a considerare un solo sé di riferimento.

Evidentemente **ci sono grossi ostacoli nella comunicazione tra le dimensioni,** un po' come succede per i canali radio quando ci si sintonizza su una frequenza e si ascolta solo quella, come se le altre non esistessero o si spegnessero nel momento esatto in cui decidiamo di non considerarle, **perciò l'interazione tra i vari esseri e il proprio sé è difficile.**

Considera che le altre dimensioni non si trovano necessariamente a distanze inimmaginabili nello spazio; **tutto il mistero è in realtà rinchiuso nell'infinità dell'Universo più sconosciuto e vicino che c'è: la tua mente.** Tutto si percepisce attraverso il tuo cervello:

437

basterebbe manipolare i canali nervosi giusti per compiere i viaggi più stupefacenti e incredibili oltre lo spazio-tempo. Questo significa che tutto quello che percepisci accade come se fosse un sogno, ma non vuol dire che non sia reale, perché tu ne fai parte. Quando morirai, non sarà come risvegliarsi e sarai fortemente condizionato dalle azioni che hai compiuto in questa realtà, perciò è estremamente importante che tu segua fin da ora la direzione giusta. Puoi farlo in molti modi, ma sempre seguendo il tuo cuore e la tua intuizione pura.

Visto che tutto ciò che sai si manifesta attraverso la percezione della mente, è con questo strumento che puoi interagire e comunicare con le atre realtà. Devi sintonizzare le tue frequenze alle onde con cui vuoi interagire, e un modo molto semplice e diretto per farlo è creare il tuo sigillo personale.

Il sigillo funziona un po' come una chiave d'accesso a questa realtà, ma non opera allo stesso modo con tutti. È come se tu fossi in una stanza completamente buia e una voce ti informasse che esiste la luce, ma devi accenderla per usarla. Inizialmente penserai di poter illuminare la stanza tramite l'utilizzo della telecinesi, ma le vibrazioni sono troppo deboli per poter agire a quel livello, così la voce ti rivelerà l'Esistenza di un interruttore. Tu allora dovrai cercarlo tentoni finché non riuscirai a premerlo e, finalmente, a fare luce. Ecco, in questo momento la tua mente sta procedendo tentoni per trovare il suo interruttore attraverso i sigilli, la numerologia, gli esercizi e gli esperimenti, e a ogni tuo passo essa fa enormi progressi senza che tu te ne renda conto. Aspettando che tu possa premere il bottone per accendere la luce, lei inventa l'elettricità, progetta l'impianto, collega i fili e avvita la lampadina: è già tutto dentro di te, vive in te!

Non puoi sapere in che modo funziona un sigillo o un rito ma, una volta attuato, la mente è comunque in grado di interpretarlo e realizzarlo usando tutte le conoscenze dell'Universo.

Tutto dipende dalla qualità del tuo Percorso di consapevolezza evolutiva, dal tuo Intento Puro, **perciò ora stai creando il tuo sigillo per antonomasia, che porterà il tuo messaggio.** Personalizzalo a tua somiglianza, usa la numerologia e il verbo per formare un simbolo che sia il tuo sigillo artistico.

Il sigillo è la comunicazione più diretta con il divino in te: un autentico portale per le dimensioni profonde. Ti suggerisco di focalizzarti e metterti in sintonia con il numero **8** e le due parole più importanti: **consapevolezza** e **libertà**. La prima significa conoscenza di sé e del Tutto, la seconda essere completamente libero dalla schiavitù mentale e fisica. Sono sufficienti queste due parole per risolvere problemi come le malattie, le paura, la Morte: tutto ciò che può venirti in mente quando pensi a un evento negativo.

Una volta recapitato il sigillo alla tua parte profonda, anzi, una volta riportato, visto che è il mittente, potrai interagire liberamente e realizzare ciò che hai sempre sognato e sperato. Finalmente avrai aperto le porte del tuo cuore e sarai libero e consapevole plasmando bellezza colma di Felicità e Amore.

.

Sigilli Esperienziali

Eccoci giunti a una fase critica del Percorso, in cui dobbiamo intensificare il passaggio dalla teoria alla pratica. Ti sarai accorto che da qualche pagina ho cominciato a rivolgermi non più a "te", ma a "noi", e l'ho fatto per due motivi. Il primo è che si tratta di un lavoro di collaborazione, che possiamo svolgere solo unendo le nostre energie per creare questi sigilli. Non conta che molto probabilmente noi non ci incontreremo mai in questa realtà, perché le nostre energie interagiscono su in piano che non è influenzato dallo spazio-tempo, l'unica cosa importante è la nostra consapevolezza. Il secondo motivo è che nessuno di noi è mai davvero solo: tutti ereditiamo tutto da tutti e lasciamo ciò che creiamo al Tutto.

Come avrai capito, i sigilli sono un metodo per trovare un portale tra te e le altre frequenze di realtà. Essi possono essere definiti come **rituali impressi in una singola idea**; normalmente si tratta di un'immagine, ma tutto ciò che percepisci attraverso i cinque sensi può essere trasformato in un sigillo eterno. Noi creiamo i sigilli unendo le nostre energie, ma non significa che io – o tu – ne debba essere cosciente adesso, anzi, non devo proprio! Il lavoro di creazione avviene su altri livelli. Il solo fatto che tu stia leggendo queste parole è uno scambio di energie tra di noi e sta a te farlo diventare più o meno intenso e consapevole.

Ricorda sempre che **non esiste una persona migliore di te per creare i sigilli o un'immagine, una musica, un odore o una sensazione ottimale cui legarli**. Tutto è in perenne movimento e cambiamento, compreso tu, perciò devi adattare la tua sintonia del momento a ciò che ti fa sentire in forte connessione con l'Universo. Quando sei in trance creativa, dunque, non dare nulla per scontato e lasciati guidare dall'intuizione. Sintonizzati con quello che ti suona Vero e libera la tua arte più pura e profonda. Devi affinare la tua tecnica per saper cogliere l'attimo giusto in cui la mente percepisce la visione del sigillo. **Non sforzarti di dare una forma o un senso a quello che ti arriva**, semplicemente accogli e ringrazia. Tutto ciò che serve ti penetrerà automaticamente, seguendo la naturale entropia degli eventi.

Soltanto una volta che tu e gli eventi vi sarete raffreddati, potrai fare ordine. Attraverso gli schemi mentali che abitualmente riconosci legando le esperienze ai sigilli sarai in grado di trasmettere più convinzione al tuo corpo mentale, in modo da non lasciarti imprigionare facilmente dalla tua forma.

Nel secondo volume abbiamo provato a eseguire un esercizio/esperimento molto profondo, in cui è di fatto stato creato il sigillo che chiama in causa la forma-pensiero malattie. Inizialmente ti avevo chiesto di aiutare la Vita a evolversi, fermando chi agisce contro la Bellezza pura per aiutarlo a comprendere i propri errori.

Ora che hai più esperienza è possibile far evolvere il sigillo trasformandolo in consapevolezza guaritrice. Per farlo rinuncia a ogni forma di giudizio, sia essa positiva o negativa, e sii completamente impersonale. Limitati a favorire gli eventi dirigendoli verso l'Amore Incondizionato.

Se è vero che tutto è indissolubilmente unito, è anche vero che quest'unione deve avere un senso certamente più profondo dei limitati sensi dell'ego, che non indaga mai a fondo per cercare la verità e concentra la sua attenzione sull'apprendimento di tecniche di avanspettacolo, come ad esempio la telecinesi, per impressionare il suo "pubblico".

Il gioco è fatto – e adesso? Adesso sei consapevole! Ma che cosa è cambiato? Questo diploma a cosa ti serve, se la scuola della vita dura, appunto, tutta la vita? Gli esami non finiscono mai, ovvio! Ma è proprio questo il punto: perché gli esami sono infiniti? La scuola o il gioco della vita, così come anche gli esami, prevedono delle regole. Pensaci: chi altri accetta le regole se non i partecipanti, quindi anche tu? Giustamente, le regole sono necessarie per far parte di un gruppo, per vivere in una società, ma il vero problema non sono le norme, bensì le persone che non seguono i Quattro Principi dell'Esistenza, quindi non rispettano nemmeno le regole. Come ti ho già detto, una società ideale vivrebbe nell'anarchia consapevole e questo adesso è impossibile da realizzare. Ma tu hai appena conseguito un diploma di consapevolezza, perciò hai la libertà di fare tutto quello che vuoi, ovviamente seguendo i Quattro Principi dell'Esistenza.

Una mente condizionata dalle regole e dalle abitudini immagina che fare tutto ciò che si vuole significhi comportarsi da pazzi e apparire idioti, ma non è così. Rispetto, Comprensione, Empatia e Compassione vanno riconosciuti a tutti gli esseri viventi indistintamente, perciò non esistono gerarchie o graduatorie di preferenza. Di conseguenza tu, vivendo in una determinata società, ne devi rispettare le regole e, al tempo stesso, non segui soltanto i ragionamenti razionali ma li impreziosisci aggiungendo la tua creatività. Da questo deriva che da una parte vivi normalmente, senza stravolgere le tue abitudini e le tue scelte passate, mentre dall'altra sei un consapevole

444

alchimista ricercatore. Grazie alla mentalità più aperta e alle nuove conoscenze, sei libero di cercare attraverso le infinite connessioni del cervello le alchimie di energie per controllare il manifestarsi degli eventi.

La vera magia è composta di fantasia e matematica, alchimia che aspetta te per essere plasmata. Questa ricerca pretende una mente e un corpo sempre in equilibrio e in armonia, nonostante tu stia vivendo in mezzo alla tempesta della vita che non si placa mai. La tua nuova consapevolezza abbatte gli ostacoli che altrimenti ti avrebbero spinto sul fondo come le aspettative, i giudizi, i sensi di colpa, la rabbia, paura dell'abbandono e così via: tutte reazioni derivate dai confronti e dagli scontri, che avvengono inevitabilmente per le interazioni nei rapporti umani. Invece la consapevolezza ti insegna come essere sempre proattivo, in qualunque situazione tu possa trovarti. Ma attenzione che la consapevolezza è simile alla conoscenza: va tenuta sempre in tensione attraverso le connessioni del cervello, visto che nell'Universo tutto muta e si muove incessantemente, è necessario seguire e adattarsi ai cambiamenti.

Ovviamente esistono leggi inviolabili e che non mutano mai sia nell'Universo che nella consapevolezza, come per esempio i Quattro Principi dell'Esistenza, che in un certo senso sono assimilabili alle leggi della fisica. Anzi, in realtà le leggi della fisica non sono affatto inviolabili, sono semplicemente accettate e riconosciute dalla mente collettiva ma si possono verificare delle eccezioni. Ora che vivi il mondo da una prospettiva più profonda, puoi comprendere che le regole a cui puoi non sottostare non sono quelle rivolte all'individuo, ma quelle che stabiliscono gli eventi che appaiono incontrollabili. Ad esempio le leggi dello spazio e del tempo, della gravità, perfino quelle che regolano il corpo fisico: praticamente è possibile controllare tutto; certo, per arrivare a tanto ci vuole molta ricerca, volontà e perseveranza.

Per questo motivo gli esperimenti personalizzati si possono eseguire mentalmente in qualsiasi momento e in qualsiasi situazione quotidiana tu ti venga a trovare. Lo sapevi che mentre non respiri le connessioni del cervello possono aumentare esponenzialmente? Questo però non significa che devi allenarti a trattenere il respiro più a lungo possibile, perché ogni azione forzata e innaturale toglie equilibrio e armonia a mente e corpo. È sufficiente abituarsi a respirare molto dolcemente, in modo sempre più leggero, senza fare il minimo sforzo, il resto viene da sé. Una volta che ti sei abituato a vivere in uno stato di armonia, letteralmente ti si spalanca un universo tutto da scoprire. Non è solo lo spazio a essere infinito. Grazie alla consapevolezza puoi scoprire innumerevoli opportunità. Scoprirai che potresti fare talmente tante cose belle che non basterebbero milioni di vite. Non ci sarà mai la possibilità di restare senza amici o senza amore, perché esistono talmente tante persone che i rapporti sono potenzialmente infiniti, quasi tutti bellissimi e tutti da vivere. Infatti l'attaccamento e la gelosia sono sentimenti tipici dell'individuo, che vuole possedere credendo di amare. Inoltre, nel caso limite in cui tu restassi in completa solitudine, scoprirai l'immensa bellezza nelle tue profondità, perché nelle dimensioni impercettibili ti senti parte di un gruppo davvero speciale: i creatori di arte e bellezza nel Tutto.

Come saprai, per la mente individuale è molto importante il concetto di appartenenza: la solitudine conduce a un senso di vuoto, mentre l'unione può dare una carica emotiva straordinaria, che viene trasmessa immediatamente al corpo fisico, lasciando una sensazione tangibile di benessere e armonia perfino in situazioni estremamente difficili. Ma come è possibile sentirsi parte di un gruppo tanto meraviglioso, nonostante tu viva i momenti più importanti e difficili in completa solitudine? Essere consapevole significa sapere che nell'Universo si è sempre soli e sempre connessi al Tutto al tempo stesso, e soprattutto significa essere consci che tu non sei un individuo, ma sei il gruppo.

Glossario della Guida e Piennellate d'autore

In questa parte ti spiegherò cosa intende la Guida quando mette in campo certi termini che si prestano a diverse interpretazioni.

So bene che la mente individuale cade, fin troppo facilmente, nelle trappole che ha creato da sola: interminabili teorie, paragoni, concetti e tutto ciò che trova nei suoi infiniti labirinti. Il problema è che non c'è via d'uscita: ogni frase o parola può assumere un senso che, interpretato in modo diverso, per alcuni rappresenta un significato non conforme all'Intento Puro che lo ha generato.

Questo glossario della Guida non è un noioso capitolo tecnico stile dizionario, ma piuttosto vuole essere un modo sbarazzino, e anche un pochino ironico, per orientarsi nel mondo della Guida.

Lo stesso vale anche per le Piennellate d'autore, intese come una forma di PNL (la famosa Programmazione Neuro Linguistica) che ripete spesso le parole più importanti, in modo da far familiarizzare la mente inconscia con i concetti fondamentali.

Un metodo simile viene utilizzato anche nella collana in stile narrativo *La via per il benessere*, che mette in scena l'idea di come realizzare un Percorso di consapevolezza nella vita reale. Il cervello umano assimila più facilmente le immagini, perciò questa rappresentazione aiuta a visualizzare, immedesimandosi nei protagonisti della storia attraverso la fantasia, scene di vita quotidiana in un'avventura che potrebbe essere vissuta davvero.

I termini che più spesso confondono le idee sono quelli che si intrecciano con le religioni, le credenze, la new age e tutto ciò che la mente può catalogare in categorie simili. Come per le squadre di calcio, nasce un senso di appartenenza a ciò che si vuole seguire, escludendo il resto. La Guida non è neutrale e non ha interesse ad allearsi con nessuno: il lavoro di questi libri è quello di smontare tutto ciò che la mente ha costruito per ingabbiare l'essere umano. In questi manuali non si può accettare che esistano esseri che non sono normalmente manifesti: ovviamente non si esclude mai niente, ma il lavoro viene svolto su ciò che si percepisce in questa realtà. Di conseguenza una parola tanto importante come "dio" non viene usata per indicare un essere onnipotente ma per richiamare alla mente il meglio in assoluto che si possa pensare. Poi sta a chi legge elaborare il concetto e trovare la strada migliore per il proprio Percorso. Allo stesso modo, lo spirito non è inteso come un essere esterno, ma come una caratteristica della propria personalità che si modifica a seconda dello stato d'animo e di una lunga serie di fattori che ne determinano i cambiamenti.

L'anima, a differenza dello spirito, è un modo per definire la Vita stessa: quando ti metti nei panni del tuo osservatore sei colui che anima il corpo, la mente e lo spirito, ma non sei un'altra persona. Sono semplicemente prospettive diverse per descrivere la stessa cosa.

Anche quando si parla di trasformazione, non cambia nient'altro che il tuo punto di vista. Ecco perché spesso sembra che non cambi niente: a livello superficiale è così! Ma a livelli impercettibili tutto si trasforma senza sosta, e questo incessante cambiamento va seguito e guidato con grande consapevolezza, se vuoi che sia nell'Amore e nella Bellezza. Un buon esempio è il corpo fisico: si trasforma a ogni istante, eppure i cambiamenti avvengono in modo talmente sottile che nessuno riesce a percepirli in tempo reale. Una consapevolezza molto profonda riesce a seguire e controllare anche le trasformazioni fisiche del corpo: normalmente ciò avviene nei dovuti confini di questa realtà, ma non si possono porre limiti alle potenzialità della mente.

Nella Guida si trovano molte parole con riferimenti spirituali: ad esempio, la preghiera qui è intesa come un modo per ascoltare le intuizioni pure.

Il concetto principale di questa Guida è che non esistono esseri esterni oltre quelli con cui interagisci nella realtà manifesta; nemmeno l'autore partecipa al lavoro che fai solo tu insieme alla Guida. Premesso che non esistono realmente graduatorie o gerarchie a nessun livello, ogni volta che interpelli la tua parte migliore o un'energia che ritieni essere superiore, ti rivolgi al tuo osservatore che interpreta magistralmente ogni ruolo tu voglia affidargli: il tuo maestro, la tua guida, il tuo guru, il tuo saggio, ogni forma di intermediario che ti viene in mente. Come già precisato, il tuo osservatore sei tu nell'attimo in cui evadi dalla forma e dalle regole, mentre cogli l'intuizione pura e la comprendi.

Conclusioni

La fine di questo primo corso è ormai giunta, ma in fondo non esiste fine, finché ci sarà un nuovo inizio. Hai gettato le basi per costruire il tuo Percorso su conoscenze che potranno essere inquinate solo dai tuoi inevitabili errori, perciò è molto importante che tu non perda mai il Puro Intento che ti ha portato fino a qui.

Sei umano, sei fatto anche di mente ed ego, e questo ti spinge in ogni attimo a scegliere in modo soggettivo e parziale. Soltanto una continua concentrazione sull'Amore Incondizionato può ricalibrare il potentissimo strumento del cervello. Osserva quanti danni può fare una mente utilizzata in modo superficiale a tutti i livelli, dagli uomini più selvaggi a quelli che s'illudono di essere più evoluti in spirito o intelligenza. Il mistero che l'Uomo ancora non riesce a spiegarsi è se egli sia un animale dal cervello complesso, a seguito dell'evoluzione naturale, oppure un essere potenzialmente in grado di condizionare gli eventi. In altre parole, l'Uomo ancora non sa se l'Universo è tutto nella sua mente o se è arrivato a immaginarlo solo per via della complessità del suo cervello arrivato a tale livello evolutivo.

Finora è palese che l'essere umano si sia comportato da animale, se non peggio! Potremmo scrivere enciclopedie citando eventi dei quali l'Uomo non può che vergognarsi; senza voler scavare nelle ferite provocate dai potenti che ostacolano o arrestano l'evoluzione dell'umanità, basti pensare a coloro che si dichiarano santoni e approfittano della buona fede di chi cerca una soluzione per un mondo migliore. Nemmeno chi avesse la possibilità di fare qualcosa di concreto resisterebbe alla tentazione di godere il più possibile delle gioie materiali e fisiche. Questo non significa che dobbiamo tutti comportarci da martiri, ma nemmeno cedere all'edonismo più assoluto; nei panni di un dio che vuole favorire l'autentica evoluzione consapevole, non saresti preso dallo sconforto nel vedere i tuoi migliori elementi bruciare tanto miseramente?

Come puoi diventare l'anello mancante di un'evoluzione epocale dell'essere umano? Essere consapevole di poter controllare la materia con la mente, non assistere più al comportamento bestiale dei tuoi simili, essere privo di paure e immune agli inganni... Tutto questo sarebbe soltanto l'inizio di un nuovo esistere. Riesci a comprendere l'enorme posta in gioco?

L'evoluzione è lenta in apparenza ma, quando sceglie una strada, è un attimo impercettibile. Tu puoi essere quell'attimo fondamentale, tu puoi essere l'evoluzione in persona!

Ora che hai appreso le basi della conoscenza potrai donare alla coscienza universale le esperienze necessarie a un cambiamento reale. Sei un fiammifero che ha acceso una candela e ha illuminato chi ti circonda, ma non solo! Il tuo cambiamento è chiaramente percettibile a tutti i livelli inconsci e puoi fare molto di più – puoi essere un faro, un sole: dipende solo da te!

Le informazioni e le conoscenze che hai acquisito sono necessarie per accendere una piccola ma sufficiente scintilla nella tua mente, ma essa non basta per cambiare il mondo, perché ci vuole tanta energia. Per questo dovrai lavorare con le energie normalmente impercettibili e scegliere la tua università ove specializzarti e rafforzare i tuo talenti in modo da trovare la risposta che la mente pretende.

Se davvero è tutto nella tua mente, allora sarai in grado

di manipolare ogni cosa come si fa con i computer, altrimenti troverai il modo di far evolvere il cervello al punto tale da permetterti di vivere in una società libera e felice dove tutti gli esseri viventi si amano e si rispettano sinceramente.

In entrambi i casi hai la possibilità di creare una vita migliore, dove la bellezza e l'armonia dell'Eterno Presente si riflettano nella pace dell'Esistenza.

FAQ

A che serve tutto questo?

Dopo millenni di evoluzione umana sembra che la materia fisica continui a dominare incontrastata sulla spiritualità, senza considerare la generale qualità dell'evoluzione della vita in miliardi di anni. Tu rappresenti la più recente forma evolutiva dell'Esistenza, la massima tra quelle conosciute, però non necessariamente la migliore. Infatti, l'Universo non è certamente rimasto a guardare mentre aspettava la comparsa del genere umano verificatasi, d'altronde, una manciata di migliaia di anni fa, ovvero in un tempo brevissimo rapportato ai miliardi di anni che sono presumibilmente – dato che si tratta di una teoria non accertata – trascorsi dal Big Bang.

Ogni essere vivente percepisce esclusivamente la

propria realtà in un microscopico ritaglio di spazio-tempo, che però contiene tutto ciò che esiste per ogni forma di vita: tutti in tutto e tutto in tutti. Da ciò deriva che la mente può creare con le sue sole forze meraviglia o noia, felicità o sofferenza, bellezza o bruttezza, giustizia o ingiustizia per il tuo mondo.

Questo concetto sarebbe più facile da capire e da applicare alla realtà se le innumerevoli interazioni con gli eventi e le altre forme di vita non mescolassero le carte. L'Amore è l'invenzione della mente più bella dell'Universo, ma per viverlo appieno bisogna non essere soli e, finché le cose andranno avanti per il verso giusto, la vita potrà essere estremamente appagante. Purtroppo, però, le interazioni comportano il rischio che un evento o un incontro risulti negativo, rovinando di conseguenza una vita. La vita è costellata di legami indissolubili che possono renderla meravigliosa o maledetta, tutto dipende da quali eventi travolgono senza riparo i fragilissimi rapporti che scorrono nel tempo. Per difendersi dalla sofferenza la mente è ben disposta a scendere a compromessi, così ha creato l'ego. Questo Percorso di consapevolezza evolutiva è volto a proteggerti dalle sofferenze create dalla mente stessa, ma non solo: la tua è un'autentica Rivoluzione di Luce e difenderti e rafforzarti non ti basterà. Devi prenderti la responsabilità di cambiare il mondo, davvero e senza compromessi.

Special FAQ
Come essere Vero. Il sigillo del tuo universo

Questa Special FAQ, che si trova proprio a un passo dalla fine del manuale, quando conseguirai il sigillo-diploma per aver appreso le basi fondamentali del Percorso Evolutivo di consapevolezza, è un dialogo strettamente confidenziale tra te e me.

A questo livello nessuno è in grado di dimostrarti se la realtà è dentro la tua mente oppure al di fuori di essa, come sembra che sia, perciò non ha senso cercare di convincerti che il mondo che vedo io è la sola e unica realtà.

Per trovare ciò di cui abbiamo bisogno, qualsiasi cosa sia, serve un confronto consapevole e leale, ma deve essere un confronto tra due uomini completamente liberi. Non a caso lo slogan di questa Guida è: la libertà ti renderà Vero. La consapevolezza è una conoscenza esperienziale della realtà che percepiamo, mentre le parole possono essere considerate semplici informazioni, anche se in assenza di queste non esisterebbe la scintilla per accendere un'idea, che si trasforma in azione e poi vita vissuta. Le informazioni che hai appreso nella Guida essenziale per il viaggio della vita possono dunque essere la scintilla giusta per accendere il motore della tua immaginazione – magia, che genera le idee che poi si trasformano in pensieri. Questi ultimi si riconducono ai tratti immaginati e sono confinati in forme per essere definiti: le forme di pensiero.

Anche la tua identità, la tua individualità, la tua personalità e tutto ciò che credi di essere è una forma di pensiero, il che spiega perché dentro di te sembrano esistere diverse personalità sempre pronte a palesarsi all'improvviso e rovinare la maschera che porti in mezzo alle maschere degli altri. Le reprimi per paura o convenienza, ma così facendo non fai altro che conferire loro ancora più potere. Queste nozioni di alchimia mentale valgono in ogni ipotetica verità, perché non esistono due realtà diverse e distinte tra quella dentro e quella fuori dalla mente.

Quello che sei davvero, la tua essenza, si riflette nella tua identità, ma è distorta da tutti i limiti e i problemi che esistono in questa dimensione. Non ha senso attendere il termine di questa vita, la Morte non esiste semplicemente perché tu non esisti. Tu adesso sei qui per compiere una scelta e ciò implica una responsabilità enorme, perché si tratta della sola opportunità che l'alchimia unica e irripetibile della tua Esistenza ti offre nel qui e ora.

Io non posso operare la tua scelta, ma questa Guida più renderti consapevole di chi sei, dove sei e cosa stai facendo. Soltanto con questa base affidabile potrai spiccare il volo e trasformarti in un essere libero dall'ego, dalla mente, dagli inganni e dalle paure.

Immagina quanta bellezza e gioia può creare il tuo Vero essere, per tutti.

Ecco il diploma

Ne abbiamo parlato tanto, e adesso è finalmente giunto il momento per ricevere questo diploma di promozione ai prossimi livelli del Corso di consapevolezza!

Pensa al foglio che seguirà queste parole come alla prova di un tuo grande traguardo e insieme a una promessa che fai a te e all'Universo, ovvero di non fermarti qui! Continua a studiare, continua a indagare in te e nell'Esistenza, plasma l'arte della tua bellezza unica e irripetibile, e seguila, vivila appieno!

Questo primo diploma ti permette di accedere alle prossime fasi e di specializzarti nel ramo del Percorso di consapevolezza evolutiva che senti più tuo, quello più compatibile con la tua essenza e i tuoi talenti.

Le facoltà dell'Università della Vita sono tantissime e diverse tra loro: solo tu puoi operare la scelta giusta per te, perciò prenditi tutto il tempo per riflettere bene sul ramo di conoscenza che senti appartenerti di più, contemplalo con serenità e calma e poi tuffatici ed espandi all'infinito la tua consapevolezza.

Prima di fare tutto questo, però, ricorda di assaporare i risultati che hai raggiunto in questo momento, non scartarli come conquiste di minor importanza, ma fanne tesoro. Il diploma di fine corso serve proprio a gratificare te e le energie con cui lavori incessantemente, evidenziando l'importanza di questo successo e a premiarlo con qualcosa di tangibile, come siamo abituati a fare con i piccoli grandi traguardi della vita. Puoi ritagliarlo e conservarlo tra i tuoi oggetti più cari, oppure farne un ingrandimento per incorniciarlo e appenderlo, o ancora lasciarlo dov'è, in questo manuale. Si tratta, alla fine, solo di un pezzo di carta che non avrebbe valore in sé, se non fosse che grazie a te e la Guida, insieme al tuo osservatore, esiste l'opportunità di trasformare il diploma in un autentico sigillo: un portale estremamente potente per accedere alle infinite frequenze di realtà della vita stessa. Formando il magico triangolo di essere tre in uno, puoi sostenerti nell'equilibrio che permette all'energia di scorrere fluida e continuare nel miglior modo il tuo viaggio esplorativo alla ricerca della consapevolezza universale.

La Guida non è l'autore che ti aiuta e ti insegna, ma è lo strumento che permette l'unione tra te e le energie delle parole scritte su questi manuali, che vengono da te interpretate e trasformate in azioni: di fatto stai plasmando nuove forme di esperienze da vivere nella creazione.

Il tuo osservatore, che ti consegna il diploma e ti suggerisce il meglio che puoi fare nell'eterno presente, non può certo essere l'autore e nessun altro all'esterno: è la parte di te che esiste oltre gli schemi mentali, senza paure né condizionamenti. Perciò il valore di questo diploma assume un significato davvero speciale: nella scuola della vita nessun maestro è in grado di giudicarti, di apprezzarti e di insegnarti meglio di te stesso, in veste del tuo osservatore.

Non perdere tempo, allora! Volta pagina e riscatta dal tuo osservatore il diploma del Corso Base di consapevolezza Evolutiva.

La Guida ti ringrazia di vero cuore e ti fa le congratulazioni più sentite!

Saluti finali

Questa è davvero l'ultima pagina, quella dedicata ai saluti finali. Un po' come succede alla fine dell'ultimo anno di scuola, quando tutti si abbracciano, si augurano buone vacanze ma soprattutto buona vita, perché sanno che non ci sarà più un appuntamento a settembre. E, come accade alla fine dell'estate, un velo di malinconia riempie gli occhi dei ricordi dei momenti che non torneranno più.

Ebbene, ti abbraccio anch'io. Ti ringrazio per avermi accompagnato lungo questa fantastica esperienza, dove anch'io ho potuto imparare grazie a te.

Ti ringrazio per aver letto queste parole e aver trovato per esse un posto nel tuo cuore, e ti ringrazio per aver condiviso una parte del Percorso della vita.

- Questi primi quattro manuali si concludono qui con poche righe, ma sai già che non esiste una fine senza un nuovo inizio! Perciò sorridi insieme a me e guarda quanta strada hai fatto, e quanta potrai farne in futuro!

Ti auguro di saper trovare la tua vera strada e di riuscire a non mollare mai, nonostante i numerosi ostacoli che incontrerai sul tuo cammino. Ti auguro di trovare tutto in tutto divertendoti, di essere sempre felice e di fare nuove emozionanti scoperte.

Ti auguro infine di essere nell'entusiasmo, vivendo ogni giorno sempre più nella tua consapevolezza.

A presto,
Sandro Napolitano

In qualità di osservatore sancisco che

_____

crea nuove alchimie insieme alla

Guida essenziale
per il viaggio della vita,

seminando autentica bellezza
nella creazione tutta.

Grazie

Printed by Amazon Italia Logistica S.r.l.
Torrazza Piemonte (TO), Italy

56184946R00259